LETTRES

De Madame la Comtesse de MAL . . . . . .
à Madame la Marquise D'A . . . . . .

Paris ce 10 Mai 1779.

Il est très-vrai, MA CHERE COUSINE, que j'ai sçu
tout ce qui s'étoit passé au sujet de *St. Val* l'aînée :
mais, pour *vous en instruire bien vîte, avec toutes les
circonstances*, cela n'est pas facile.

Tant de choses, plus ridicules les unes que les
autres, se font succédées pendant huit mois, pour
une décision qui devoit se faire en un quart d'heure,
sans la méchanceté, la bêtise, la mauvaise foi, la
foiblesse, qui ont prévalu tour-à-tour, & qui enfin
ont fait succomber l'honnêteté, le génie, la vérité,
même le courage ; car *St. Val* est tout-à-fait dégoû-
tée de son état : il en faut convenir, jamais les Comédiens n'ont été si méprisés.

Paris fourmille de Théatres, d'Acteurs, d'Auteurs
plus misérables les uns que les autres, qui refroi-
dissent sur les Ouvrages de Corneille, Racine &
Voltaire & font assimiler le *Cid*, *Mithridate* &
Zaïre, au beau *Léandre*, à *Gilles* & à *Zirzabelle*.

Les Comédiens du Roi font absolument gouvernés
par les Gentilshommes de la Chambre. Un Arrêt
de 1757 les autorise à donner des Réglemens de
discipline pour les Assemblées, les Réceptions de
Piéces, leur Recette, Dépense, Service à la Cour ;
tout cela doit être conduit, visé par eux. Mais il

A

n'eſt dit nulle part qu'ils pourront détruire les anciens uſages, les anciennes loix, les anciens réglemens. Au contraire, deux Ordres du feu Roi, adreſſés à M. le Duc de Mortemar, premier Gentilhomme de la Chambre, en 1725, le défendent expreſſément.

Les Gentilshommes de la Chambre ne paroiſſoient pas y avoir dérogé; cependant, pour détruire les droits de *St. Val* l'aînée, on a fait valoir un Réglement de 1776. Il porte ſans doute une loi contre l'Ordre du Tableau, toujours ordonné, toujours ſuivi depuis cent dix-huit ans que *Moliere* l'établit autrefois. Les Acteurs & Actrices parloient au Roi, qui s'occupoit de leur état, de leur fortune, de leurs talens. MADAME diſpoſoit elle-même leurs jeux; la Cour ſe mêloit dans leurs Fêtes, repréſentoit avec eux : les Comédiens étoient réellement bonne compagnie.

A meſure que leurs talens ſe ſont affoiblis, leur nombre s'eſt augmenté; & c'eſt, je crois, ce qui les a perdus : car, depuis les *Grandval*, *Sarrazin*, *Lanoüe*, *le Kain*, *Gauſſin*, *Dumeſnil*, *Dangeville*, la Cour ne s'en eſt plus ſouciée; elle aime les Spectacles, & mépriſe les Acteurs. La feue Reine n'eût pas voulu qu'on privât la Demoiſelle *Dumeſnil* de ſes Rôles, pour les donner à la Demoiſelle *Clairon*: l'ancienneté & le talent étoient des titres reſpectés par les Maîtres même. Les Subrogés ne ſont pas ſi délicats : les Comédiens, dégradés, ſoumis à des volontés arbitraires, n'ont eu de reſſource que dans l'intrigue. Placés par elle, ils ſe ſoutiennent, tant bien que mal, par elle. Des Sujets, rebuts de la Province, ou de quelques Cours Allemandes, ont été reçus au nombre des Comédiens du Roi. Pour peu qu'un homme ait du crédit, s'il ne veut plus d'une perſonne qui l'embarraſſe, il la fait entrer dans quelques-uns des grands Spectacles de Paris.

Il y a au Théatre François une famille entiere de *Dugaꝣons* : on ne fçait ni pourquoi, ni comment elle a été reçue. Je vous parlois de Réglement : l'Article XXXIII de celui de 1757 porte, que l'on ne recevra d'Acteurs & Actrices que dans les Emplois qui manquent. Une, nommée *Dugaꝣon*, que le Public voit rarement, & qu'il *hüe* volontiers, fut reçue en 1768, avant d'avoir débutée, quoiqu'il y eût déja quatre Soubrettes (*a*), dont deux étoient plus jeunes qu'elle.

Sa sœur, femme de Veſtris des Italiens, entra comme Tragédienne ; les Demoiſelles *Dumeſnil*, *Dubois*, *St. Val* (aînée), tenoient la Scene Tragique. Le frere *Dugaꝣon* fut auſſi reçu pour les Valets, quoiqu'il y eût *Préville*, *Augé*, *Bouret*. On vient d'en recevoir un cinquiéme (*b*) ; heureuſement c'eſt un charmant Comédien, & le ſeul qui puiſſe remplacer *Augé* dans les Valets, dits *grandes caſaques* ; tous les autres étant trop ignobles, trop farceurs, je n'en excepte pas même Préville, dont la fureur eſt de jouer les Rôles nobles, & qui a l'air d'un Chirurgien dans le Marquis du Legs, & d'un Epicier dans le Plénipotentiaire de la Piéce nouvelle. (*c*)

Les Comédiens devenus plus nombreux par l'abus des réceptions, ſont devenus pareſſeux, jaloux, querelleurs ; ils ſe ſont déſunis, haïs, déchirés : les plus méchans, les plus bas, qui ſont toujours les plus protégés, ont appellé dans l'intérieur de leurs Aſſemblées particulieres les Perſonnes déſignées par le Roi pour la conſervation, la ſûretè de leur état public.

Ils en ont fait d'abord leurs reſpectables Arbi-

(*a*) Drouin, Bellecourt, Luzi, Fanier.

(*b*) D'Azincourt.

(*c*) L'Amour François.

tres, enſuite des Juges; enfin des Maîtres. La Fable des grenouilles leur étoit échappée.

Les Comédiens ſont devenus des êtres paſſifs, dépendans du ſeul Gentilhomme de la Chambre, qui a conſervé à lui *ſeul* le droit de juger les talens, les récompenſes, les emplois, & qui n'appelle ſes Collegues, que pour donner force de loi a ſes opinions, à ſes faveurs; oubliant qu'il faut combiner les droits du Public, qui paye les Spectacles, avec la volonté de ceux qui les régiſſent ſous l'autorité du Roi. Quels Acteurs la Cour auroit-elle, ſi la Ville ne les entretenoit? Encore un mot de Réglement (*a*) ſigné des quatre Gentilshommes de la Chambre : c'eſt au préambule.

» Perſuadés que la ſatisfaction & l'amuſement du
» Public ont été un des motifs des graces accordées
» par le feu Roi aux Comédiens, en les attachant
» à ſon ſervice, &c. ». Ils ont un peu dérogé à cette intention, puiſqu'ils maltraitent les Sujets aimés, & comblent de faveurs ceux dont on ne ſe ſoucie point. C'eſt dans cette poſition, MA CHERE COUSINE, qu'il faut vous repréſenter les Théatres de Paris, & vous ne ſerez plus étonnée que cette *St. Val*, qui vous a *fait verſer tant de larmes, en qui vous trouvez réunies la tendreſſe & l'énergie, la douceur & la fierté, dont les accens ſont ſi doux, l'organe ſi pur, n'ait pas ici le rang de premiere Actrice*, quoique le Public le lui donne.

Depuis ſon départ (ſi précipité) de Toulouſe, quoiqu'elle eût un congé, l'un de MM. les Gentilshommes de la Chambre lui fit ſignifier qu'elle perdroit ſes revenus de tout le tems de ſon abſence. Ce que je vous dirois ſur cette pitoyable injuſtice ſeroit inutile; j'aime mieux vous copier un Mémoire

______

(*a*) 1757. Art. 29.

que l'on donna pour elle à l'un des autres Gentils-hommes, sans qu'elle en sçût rien. Je vous avertis que ma Tante me grondera, si tous les Mémoires que je vous envoie courent, non qu'elle craigne qui que ce soit, mais parce que l'on pourroit avoir la méchanceté d'en accuser *St. Val*, qui, je vous assure, ne le sçait pas : & puis vous le prêterez, on en prendra des copies; quelques Libraires désœuvrés les imprimeront; de tristes Journalistes en feront des critiques impertinentes, pour faire rire leurs tristes Abonnés : on croira que ce font des Ouvrages de quelque *Bel-Esprit* qui tourne autour des fauteuils Académiques; & la *Bonne Femme*, qui n'a écrit que par compassion pour une fille intéressante, dont les talens font précieux, passera pour une méchante, sans égard pour les Grands Seigneurs, sans goût pour les talens à la mode. Je ris d'avance de l'étonnement de la Marquise : ma niece, me dira-t-elle, vous & votre Cousine n'êtes que deux étourdies ; je ne suis plus d'âge à m'amuser de vos folies. Elle tâchera de composer son visage, en me disant : » Vous sçavez bien que, dans ce Pays-ci, le ridi- » cule est tout-puissant, & que s'il est un moyen » victorieux pour tirer d'embarras un coquin, qui » s'est fait une mauvaise affaire, il sert quelquefois » contre les honnêtes gens ». Je lui répondrai quelques bêtises, vous sçavez qu'elle n'y tient pas : elle rira, nous ferons les meilleures amies du monde, & nous prendrons patience sur la façon de penser des autres.

PREMIER MÉMOIRE.

L'injustice dégrade celui qui l'exerce, & révolte celui qui la supporte. Toutes les fois que l'on peut avertir l'un, & consoler l'autre, on oppose une bonne action à une mauvaise.

A iij

Il faut toujours commencer par des principes inconteſtables, même dans les plus petites choſes.

Si les Comédiens étoient, comme dans la Grece, enfans des Beaux-Arts, Citoyens, Gens en place, ils feroient leurs Emules, leurs Maîtres, leurs Juges. Si, au contraire, ils n'étoient que, comme chez les Romains, tirés de la claſſe des eſclaves, ſévérement punis, magnifiquement récompenſés, on leur devroit encore ſûreté & protection; mais s'ils ne ſont rien, comme en France, & regardés comme des jouets que l'ignorance, l'humeur ou la fantaiſie peuvent briſer, il faut au moins reſpecter le Public qui s'en amuſe.

Les Comédiens, dits du Roi, ont une ſomme de vingt mille francs, en forme de gages pour le ſervice de la Cour : d'ailleurs Sa Majeſté leur permet de *travailler* à Paris pour vivre ; ce que les vingt mille francs partagés entr'eux, ne leur donneroit ſûrement pas. Leur recette journaliere, miſe en caiſſe, eſt diviſée ſelon leur ordre de réception, & partagée par quart, demie part, part entiere, par mois, par an. Le Public eſt donc le véritable ſoutien des Spectacles ; c'eſt à lui qu'on en doit l'éclat, la durée, la qualité même, par ſon argent, ſon aſſiduité & ſes ſuffrages. Les Acteurs ne ſont reçus par la Cour que ſur les applaudiſſemens de la Ville ; & ſi quelquefois l'intrigue a prévalu, & fait recevoir de pauvres Sujets, le Public s'en eſt vengé en les ſifflant, & s'en eſt conſolé avec les bons : mais ces derniers, ces Acteurs à vrais talens, haïs de leurs camarades qui les jalouſent, ſont en but à toute leur méchanceté, à toutes leurs fourberies ; c'eſt ce qu'éprouve la Demoiſelle *St. Val* l'aînée, depuis douze ans qu'elle eſt au Théatre; elle a été reçue en 1766, en double de la Demoiſelle *Dumeſnil*, pour les Rôles de

Reines. Il paroît que, dès cet inftant, elle eut des conteftations. La Demoifelle *Dubois*, comme fon ancienne, vouloit jouer des Rôles que la Demoifelle *Dumefnil* quittoit, & la Demoifelle *St. Val* crut devoir réclamer l'ordre du Gentilhomme de la Chambre qui l'avoit reçue, *fous l'autorité* du Roi, pour double de la Demoifelle *Dumefnil*. Ce Supérieur écrivit à la Demoifelle *St. Val*.

» Il eft vrai, Mademofelle, que le Rôle de » Zénobie eft de votre emploi, & je ne fçais pas » pourquoi Mademoifelle *Dubois* veut le jouer. » J'écrirai demain à M. *de la Ferté*, &c. *(a)*.

Autre Lettre du même.

» J'ai reçu, Mademoifelle, la Lettre que vous » m'avez écrite, par laquelle vous me marquez » les oppofitions que Mademoifelle *Dubois* apporte » au defir que vous avez de jouer le Role *d'Arianne*; » il y aura bientôt un arrangement, &c. *(b)*.

La retraite de la Demoifelle *Clairon* autorifoit ces difputes de Rôles. La Demoifelle *Dumefnil*, en vieilliffant, avoit cédé à la Demoifelle *Clairon* quelques jeunes Reines ou Princeffes, & la Demoifelle *Dubois* qui lui fuccédoit, qui étoit la feconde après la Demoifelle *Dumefnil*, vouloit jouer tous fes Rôles. L'un des Supérieurs, jufte alors en quelque maniere, fçachant que l'ordre de réception de la Demoifelle *St. Val*, portoit l'emploi des Reines, & penfant que cet ordre faifoit loi, voulut maintenir la Demoifelle *St. Val* dans fes droits : mais les Comédiens n'en tinrent pas compte.

L'ordre du tableau qui donne à l'ancienneté, ne

(*a*) Marly, ce 12.

(*b*) Compiegne, ce 21.

A iv

fût-elle que d'un jour, le droit de tout Joueur à son rang dans le genre que l'on a choisi, tragique ou comique, eut force de Loi, & la Demoiselle *St. Val* ne joua les Rôles qu'après la Demoiselle *Dubois*, malgré l'ordre de réception, malgré le jugement du Supérieur.

L'arrivée de la Demoiselle *Vestris*, & des succès de commande, d'intrigue, de folie, dont le Public est agent, complice & victime tour-à-tour, ont tourné la tête à l'un des Supérieurs : il a cru avoir remplacé en un seul individu les *Duclos, le Couvreur, de Seine*, & lui a donné les emplois des *Gauffin, Dumesnil, Clairon*. La Demoiselle *St. Val*, son ancienne de réception, quoique la plus jeune, ne joue que les vieilles Reines. Il est vrai qu'on a trompé le Supérieur en lui présentant une liste de vingt Rôles pour la Demoiselle *St. Val* ; mais il y en a dans des Piéces qu'on ne joue point ; & *Sémiramis, Mérope, Phédre, Elisabeth* ennuyeroient à la fin le Public. La Demoiselle *St. Val* a demandé quelques jeunes Reines de son emploi ; la Demoiselle *Vestris* a interposé l'autorité des Gentilshommes ; un Exempt de Police est venu, de leur part, lui défendre de jouer *Roxane* dans Bajazet. La Demoiselle *St. Val*, peu occupée, chagrine, malade, a demandé un congé pour aller aux Eaux ; le Supérieur le lui a donné illimité.

Après trois mois de régime & de soins, sa santé un peu rétablie, & n'ayant point d'argent, elle a cédé aux instances qu'on lui a faites à Marseille, à Toulouse, de donner quelques représentations.

Ses succès trop brillans ont excité l'envie de telles de ses camarades qui seroient sifflées, si elles passoient les barrieres de Paris ; elles ont cru que son absence faisoit manquer le service, & l'on a surpris un ordre du Supérieur pour la rappeller & la punir, en lui faifant perdre fa part de la recette. Les Comédiens fentirent bien qu'ils n'avoient pas le pouvoir de retenir une portion d'argent en communauté ; ils ont employé le pouvoir de l'un de MM. les Gentilshommes qui s'eft trouvé le complice d'une infraction à un contrat focial.

Une Troupe de Comédiens eft une affociation de gain & de perte. Jamais l'abfence d'un des Affociés, la maladie, la fantaifie même, n'ont fait perdre le droit de partager dans un engagement de vingt années ; ce feroit enfreindre toutes les Loix des communautés.

La Demoifelle *St. Val* n'a point concouru pendant trois mois à la recette journaliere : mais fes fonds ont concourus aux frais ; fes droits de préfence, jettons, feux, perdus pour elle, font rentrés en partage à fes camarades, & l'on veut lui faire perdre cinq mille francs qui lui étoient dûs, parce qu'en douze années, d'un engagement de vingt, elle a été trois mois abfente, ayant un congé des Supérieurs ; c'eft une injuftice révoltante, qui peut lui faire abandonner la Comédie Françoife. Toutes les Provinces, les Cours l'appellent, & le Public de Paris la perdra ; ce qui ne fera honneur ni aux gens qui en feront caufe, ni profit à la Troupe du Roi, ni plaifir au Public qui l'aime. Quand la Demoifelle *St. Val* n'auroit pas les talens qui la diftinguent, elle devroit intéreffer par fes malheurs & par fa naiffance.

Que penfez-vous, ma coufine, de l'effet qu'a pu faire ce Mémoire ? Je ne l'ai jamais fçu. Seulement, un M. *Deffentelles*, Intendant des Menus, vint dire à Mademoifelle *St. Val*, qu'elle auroit fon argent aux Pâques prochaines ; c'étoit au mois d'Août : *St. Val* avoit écrit à l'un des Gentilshommes de la Chambre, & n'en recevoit point de réponse ; elle écrivit encore. Je transcris la Lettre.

MONSEIGNEUR,

» C'est la derniere fois que j'aurai l'honneur de vous
» écrire ; je sens & ne dissimule pas qu'étant haïe de
» vous, je ne fais qu'ajouter à mes torts supposés,
» & que je vous suis plus importune qu'une autre.

» Cette Lettre eût été plutôt faite, si mon tra-
» vail, ma santé, mon désespoir m'eussent laissé le
» temps de respirer.

» Quoi ! Monseigneur, quand je vous demande,
» comme une grace, un argent qui m'appartient ;
» avec l'air d'être touché de mes représentations,
» vous aggravez ma peine, vous prolongez mon
» embarras ! Suis-je en état de me passer de mon
» argent ? Me connoît-on des ressources ? Ai-je
» jamais participé aux graces du Roi, aux béné-
» fices des voyages de la Cour ? m'a-t-on donné
» des habits, des gratifications, des pensions depuis
» douze ans ? M. *Dessentelles* m'a dit que je n'étois
» pas à plaindre ; *que j'avois gagné de l'argent en*
» *Province...* Oui, Monseigneur ; mais une partie a
» servi aux frais d'un voyage fait pour aller aux Eaux,
» que votre sévérité m'a empêché de prendre ;
» & l'autre, en Lettres de change qui ne sont point
» échues, est réservée à payer quelques dettes.
» Avec quoi donc voulez-vous que je vive ; que
» je m'habille ? On n'a jamais traité personne comme
» je le suis. Eh ! je me trompois bien, quand je
» pensois que les bontés du Public, pour mes foibles
» talens, me procureroient celles de mes Supérieurs.

» M. *Dessentelles* m'a dit aussi d'aller aux assem-
» blées de mes Camarades ; trouvez bon, Mon-
» seigneur, que je ne m'y présente pas. N'étant plus
» regardée que comme une mércenaire, dont on

» arbitre les journées , il ne me convient pas de
» faire les fonctions d'Associée. Je remplirai la tâche
» que mon état m'impose, jufqu'à ce que le fort
» en décide autrement. J'efpere qu'un jour vous
» me rendrez plus de juftice, & que la bonté de
» votre cœur vous reprochera d'avoir cédé aux
» inftigations des méchans qui vous trompent &
» vous compromettent ».

Je ne puis me refufer le plaifir de vous donner la copie de la réponfe à cette Lettre ; vous y reconnoîtrez un homme qui fçait bien avoir paffé fes pouvoirs, & qui veut engager fa victime à fouffrir fa punition , en lui faifant efpérer de la mieux traiter à l'avenir, & lui faifant des complimens ; mais il ne réfulte toujours que la vérité ne lui eft pas tout-à-fait étrangere.

13 Septembre.

» On me renvoie ici , Mademoifelle , la Lettre
» que vous m'avez écrite : vous me connoiffez mal ,
» fi vous me foupçonnez d'avoir de l'éloignement
» pour vous ; je ne vous en ai jamais donné de
» preuve : je fuis l'admirateur de vos talens ; mais
» je fuis en même tems chargé de l'adminiftration
» de votre Société, qui exige une grande vigilance
» pour y mettre l'ordre qui en étoit banni depuis
» long-tems. J'ai été très - fâché d'être obligé de
» donner celui qui vous a fait retenir vos appoin-
» temens ; mais vous fentez que l'abfence que vous
» avez faite, fous prétexte de prendre des Eaux,
» & que vous avez employée à jouer dans toutes
» les Villes de Provinces, exigeoit de moi cet Acte
» que vous nommez *févérité*, & que je crois devoir
» appeller *juftice :* le Public *s'en plaignoit hautement,*
parce qu'il regrettoit de ne vous pas voir.
» Plufieurs Piéces que l'on defiroit à la Cour,

» ont été arrêtées par la même raison. Je vous ai
» fait dire qu'ils vous feroient rendus à Pâques,
» si, comme je n'en doute pas, vous rempliffez les
» devoirs de votre état, autant que votre santé
» pourra vous le permettre : je vous ai fait prier
» d'aller aux affemblées, & j'ai tâché de remetre
» la décence & la tranquillité qui en étoient bannies.
» C'eft au talent, comme le vôtre, à me feconder,
» & à donner l'exemple. J'efpere que vous voudrez
» bien vous y prêter : je ferai charmé que vous me
» fourniffiez les moyens de vous être utile, & de
» vous prouver mes fentimens, &c.

Réponfe de St. Val.

» Les chofes honnêtes que vous voulez bien me
» dire, m'ont touchée peut être plus que vous ne
» l'auriez voulu, mais ne m'éblouiffent point. Je
» vois toujours, à travers le coloris flatteur de votre
» ftyle, une fecrete envie de me maltraiter. Non,
» Monfeigneur, vous n'*admirez* pas mon talent, &
» vous haïffez ma perfonne. Une trifte expérience me
» l'a démontré. J'ai été reçu pour l'emploi des Reines,
» & vous permettez que Mademoifelle Veftris choi-
» fiffe de ce même emploi les Rôles qui lui plaifent,
» comme *Didon, Ariane, Viriate, Roxane.* Si réelle-
» ment vous aviez le plus léger égard pour mes tal-
» lens, me réduiriez-vous aux Rôles que Mademoi-
» felle *Dumefnil* avoit confervés à foixante ans ? Dé-
» daigneriez-vous de fçavoir que les jeunes Reines
» n'ont paffé à la Demoifelle *Clairon* & *Dubois*, qu'à
» mefure que Mademoifelle *Dumefnil* les abandon-
» noit ; mais que, du jour que j'ai pris l'emploi en
» chef, elles m'appartiennent, quand je ferois celle
» qui aurois le moins de talent, vû mon rang de
» réception. Cet ordre qui n'avoit jamais été
» interverti, l'a été par vous feul, contre moi feule.

» Vous feignez de croire, Monseigneur, que j'ai
» prétexté le besoin des Eaux pour aller en Pro-
» vince. Aurois-je été trois mois sans jouer ? Ce
» n'auroit pas été au moins faute d'en être priée.

» Me sentant un peu plus forte, prête d'aller aux
» Eaux, dont j'espérois beaucoup, & n'ayant point
» d'argent, j'ai voulu gagner au moins les frais de
» mon voyage & des Eaux; voilà mon crime, pour
» lequel, après m'avoir privée du secours des Eaux,
» & fait revenir comme un déserteur, vous me
» privez de mon revenu. Vous punissez ma pau-
» vreté, & non pas ma licence; car, si j'étois riche,
» que me feroit d'être huit mois sans toucher l'ar-
» gent de la Comédie ?

» Vous dites, Monseigneur, que j'ai fait manquer
» le service de la Cour. Je m'en croyois *bannie*, &
» d'ailleurs, il n'y a pas de service l'Eté. Si l'heu-
» reuse circonstance, où se trouve la Reine, a
» changé l'usage ordinaire, cette heureuse circons-
» tance a dû écarter la Tragédie.

» Mes Camarades se font-ils plaints de mon ab-
» sence ? Il est telle qui n'eût rien dit, si j'eusse été
» sifflée; & qui feroit bien de parcourir de nou-
» veau les Provinces; elle apprendroit à s'appré-
» cier à sa juste valeur, loin d'un Parterre vendu
» de ses partisans, de ses créatures. Quant au Public,
» j'ai tort, s'il a bien *voulu* me regretter; mais
» comme je crois m'être apperçue qu'il m'a par-
» donné. Vous exigez de moi que j'aille aux
» assemblées, &c. ». Le surplus de la Lettre est
inutile.

St. Val a renoncé à demander son argent, ima-
ginant peut-être que le Supérieur auroit donné ordre
qu'on lui en donnât, si elle en envoyoit chercher.
Elle écrit au Caissier de la Comédie, en lui fai-
sant sentir qu'elle se trouveroit obligée d'employer

contre lui les moyens dont fe pouvoient fervir les créanciers.

La réponfe fut affez plate ; le ftyle & le ton du Caiffier de la Comédie, avec une des Affociées qui lui payent des gages, prouvoient combien le fubalterne étoit enhardi par le Supérieur.

» Je fuis prêt à faire votre décompte, à l'excep-
» tion de 5057 l. qui forment l'objet de votre amende.
» Vous devez fçavoir que la défenfe n'a pas encore
» été levée ». La Lettre finiffoit par l'honneur d'être très-parfaitement.

St. Val ne fçavoit ce que vouloit dire cette amende : au profit de qui pourroit - elle tourner ? Ce n'eût pas été pour les Comédiens ; car, après l'avoir partagée entr'eux, St. Val en auroit eu fa part, & toujours jufqu'à zero, tant le caractere d'Affocié eft indélébile. Des Gens de Loi lui dirent qu'elle pouvoit affigner le Caiffier ; que perfonne n'avoit le droit de retenir fon bien ; que tous les Acteurs, après des abfences bien plus longues, avoient toujours reçu leur portion. Effectivement, la Demoifelle *Clairon* étoit autrefois fix mois de l'année fans jouer ; la Demoifelle *Dubois* fut deux ans ; *Préville* & fa femme, dix-huit mois, au moins, non en même temps, mais l'un après l'autre, & pour la même caufe. Je ne vous ferai pas la lifte des Acteurs à congé, elle feroit trop longue : mais le comble du ridicule, c'eft de donner à la même époque, où l'on punit une Actrice, des congés aux autres. *La Rive* eft abfent depuis deux mois pour aller jouer dans les mêmes endroits dont on a fait revenir *St. Val. Préville* en arrive, *Montvel* y eft ; vous devinerez fans peine que quelques fourdes menées influent fur ces différentes manieres de régir. On voudroit, à force de dégoût, faire abandonner le Théatre à St. Val, dont les talents gênent & fati-

[15]

guent ceux qui n'en ont pas. La *Veſtris*, protégée,
devenue, pour ainſi dire, la Directrice de la Comédie, maîtreſſe de jouer les rôles les plus brillans de tous les emplois, voudroit encore être ſeule.
Elle intrigue auprès de ſes Camarades; leur promet
de leur faire avoir des gratifications, des penſions;
elle ſe vante dans le monde que les Comédiens
tiennent tout d'elle; & même on dit qu'elle a repro-
ché à *Molé* ſon ingratitude, parce qu'il défendoit
les droits de *St. Val.* Si *Molé*, après dix-neuf ans de
travail, un ſervice continuel dans le Tragique &
dans le Comique, des talens aimables, plein de graces
& d'eſprit, n'a reçu des récompenſes que par les
recommandations de la *Veſtris*, il eſt bien malheureux. Cette *Veſtris* a plus d'adreſſe que de charmes,
ne pouvant obtenir la préférence ſur St. Val par ſes
qualités de Comédienne; elle ſe tourne de tous les
cotés pour obtenir des diſtinctions perſonnelles.

St. *Val*, ſenſible, eſt folle; *St. Val*, ſans art,
eſt laide; *St. Val*, dégoutée de jouer toujours la
même choſe, demande huit Rôles de plus, & n'a
pas aſſez de ſanté pour les ſiens. La *Veſtris* eſt exacte,
belle, d'une force inaltérable; il faut l'en croire,
(c'eſt-elle qui le dit): comment réſiſter à l'honneur
de protéger un Sujet utile ! auſſi tout s'abaiſſe devant elle, Auteurs, Acteurs. Je ſçais, à n'en pas
douter, que ſon Protecteur a fait paſſer des défenſes
à tous les Journaliſtes de ne parler d'elle qu'en pom-
peux éloges; & de *St. Val*, en longues critiques,
dans l'eſpérance que le Public les croira. Ces Meſſieurs
ſe donnent pour des gens de goût, à-peu-près
comme on ſe donne pour Gentilhomme, au
moyen de quelque privilége. Quoique toutes ces
feuilles périodiques, en général, ne ſoient point eſti-
mées, les pareſſeux, les ignorans, les Provinciaux,
qui ne liſent que cela, peuvent penſer d'après; &
c'eſt toujours autant de gagné.

Il arriva quelque chofe d'affez plaifant à l'un de ces Auteurs, au mois de Novembre dernier. Il avoit foigné un éloge de la *Veftris*, dans le Rôle de *Monime*; il fe trouva que c'étoit *St. Val* cadette qui avoit joué.

Le talent de cette Actrice, ajoutoit l'Auteur, en nommant la *Veftris*, » confifte en une intelligence » *fupérieure*, qui faifit toutes les *nuances* d'un carac- » tere, *embraffe* tout l'*enfemble* d'un Rôle, fans en » *négliger* aucune partie.

Vous ne la connoiffez pas cette *Veftris* ? Si vos Directeurs de Province ne s'en occupent guere, c'eft qu'ils viennent quelquefois a Paris.

Cette intelligence *fupérieure* fe réduit à prendre toujours le faux côté d'un Rôle, modulé fur trois tons, nué par des attitudes, foigné par des mines.... à jouer enfin *Hermione*, Reine détronée, comme une coquette du fecond ordre.

Hermione dévoré d'amour, de *jaloufie*, de honte, outragée par un Prince qu'elle adore, eft compaffée, aigre, ricaneufe, tracaffiere, fous les traits de la *Veftris*. *Roxane*, Sultane Reine, amoureufe, violente, emportée, impérieufe, l'Orofmane femelle enfin, n'eft plus qu'une fille qui fait les beaux bras, la Dame qui gouverne la grande politique, dont la barbarie tranquille raconte, dans le monologue du IVe. Acte de Bajazet, ce qu'elle peut ou ne doit pas faire; fi elle renoncera à fon amant, ou fi elle le fera étrangler, comme dans un Confeil. Après le vers:

Il faut prendre un parti, l'on mattend......

elle fait un mouvement de filence; puis, comme quelqu'un qui a trouvé une bonne attrape, elle ajoute, en ouvrant une grande bouche & la refermant :

. . . . Faifons mieux,
Sur tout ce que j'ai vu fermons plutôt les yeux.

On

On ne peut rien de plus ridicule, de plus sec, de plus dégoûtant.

Ma tante a vu la Demoiselle *Dumesnil* jouer ce Rôle ; les Spectateurs étoient encore alors sur le Théatre, ils reculoient de crainte aux deux vers où elle disoit :

> Sortez : que le Sérail soit désormais fermé,
> Et que tout rentre ici dans l'ordre accoutumé.

La *Vestris* entend plaisamment ces vers ; elle met son poing gauche sur la hanche ; & de l'autre, qu'elle dirige vers la terre, en arrondissant son bras, de haut en bas, elle traîne, *& que tout r...r...r... rentre ici*, comme si c'étoit sous le Théatre, & c'est, *dans l'ordre accoutumé.* Le même Auteur admire *sa beauté* dans *Inès* ; quelle beauté ! *où le pathétique de son jeu étoit égal* à celui de sa situation ; cette *Inès* est nommée pour faire croire à vous autres ignorans de Province, que la *Vestris* réunit tous les genres ; vous sentez l'opposition ; mais on veut que cette Comédienne ait un grand talent ; on en a persuadé quelques jeunes sots & quelques femmelettes, ici même dans le centre des Beaux-Arts & du goût : il est vrai que Paris est, à cet égard, ce que sont les beaux Châteaux que l'on admire encore, mais où les Seigneurs n'habitent plus.

La *Vestris* a des avantages physiques, inconnus aux Tragédiennes du Théatre François, dont l'organe & l'articulation ont toujours été un mérite ; elle a la voix *rauque*, & parle gras d'une maniere très-désavantageuse pour la Poésie, parce qu'elle fait des *W* de toutes les *R*, des *G* de tous les *C*, & qu'elle serre les dents, quand elle veut avoir l'air de la sensibilité.

Toujours occupée de sa parure, elle arrange son habit, ses cheveux faux, ses bracelets, quand elle ne parle pas. Toujours les bras en l'air , parla-t-elle à quelqu'un à ses pieds ; mais c'est pour ne pas blanchir son habit.

Je l'ai vu quelquefois dans l'attitude de Pantalon , son bras gauche écartant son manteau par derriere, le pied du même côté , & le bras droit en avant , toute pliée en deux, dire, ainsi posée, quarante vers de *reproches* ou d'*explications*; avec cette seule nuance, aux reproches ; elle remue sa main placée horisontalement, comme si elle disoit 18, 19, 20, 30, 40; & parvenue à cent, elle tire son autre bras de derriere elle , pour les étendre au plus haut de sa tête ; ce grand effort est le signal de l'aplaudissement. Ce qui est *explication* est plus modéré ; elle ne remue son bras droit que pour indiquer les différentes choses dont il est question , à-peu-près comme vous montreriez les fleurs d'un parterre , du haut d'une terrasse.

Ce soin de toutes les parties est , sans doute , dans sa pantomime. Vous vous rappellez la troisiéme Scene du troisiéme Acte de l'*Orphelin de la Chine*. Imaginez que la *Vestris* jouant *Idamé* , lorsque *Gengiskan* demande à *Zamti* s'il a satisfait à sa Loi , & qu'il lui a répondu oui , pendant tout le couplet de *Gengis* :

Tu sçais, si je punis la fraude & l'insolence.

il y a sept ou huit vers; la *Vestris* fait des signes à *Zamti*, de loin, en se haussant sur les pieds, & portant la main à la bouche , comme un Valet de Comédie qui fait signe à son Maître que l'on sçait tout; qu'il faut tout avouer, parce qu'il craint pour ses épaules. Elle finit par s'approcher de *Zamti* , en gesticulant des deux bras, les rapprochant, les éloignant, comme si elle disoit : *Voyez ce que vous avez à faire ; moi je ne peux pas me retenir plus long-tems.*

[19]

Un dernier trait de son *intelligence* ; car je ne fini-
rois pas : c'est dans *Rodogune*.

Au dénouement, *Cléopâtre* empoisonnée dissimule
des douleurs ; *Rodogune* s'en apperçoit : effrayée du
danger d'Antiochus près de boire dans la même
coupe, elle l'arrête, & ne doit pas s'en éloigner.
La *Vestris* traverse le Théatre, va secourir *Cléopâtre*, avec l'air de lui dire, *que je te voye donc crever* :
puis regardant son sein, à plusieurs fois, en se haussant sur ses pieds ; & allongeant le nez comme
Paillasse, aux Danseurs de corde, elle dit la moitié
du Vers :

> Cette gorge qui s'enfle . . . .

& court s'accroupir dans le coin du Théatre, où,
les deux bras, & les doigts roides & étendus, elle
dit en attitude l'autre moitié :

> . . . . . . Ah ! Bons Dieux, quelle rage ! (*a*)

Vous ne pensez pas, je crois, que le grand Corneille ait voulu indiquer cette triviale Pantomime,
ni que, par le mot *gorge*, il ait entendu le *sein*.

Une femme expirante d'une mort violente doit
avoir effectivement les veines & les muscles du col
enflées : l'Actrice l'exprime en renversant sa tête ;
mais son sein ne peut être supposé découvert. Le
dernier vers annonce que *Rodogune*, effrayée du
danger d'*Antiochus*, n'a pas dû le quitter, même
des yeux.

> Pour vous perdre après elle, elle a voulu périr.

Mais l'intelligence *supérieure* de la *Vestris* ne peut
rester en place, & elle dénature absolument cette
derniere Scene. J'ai pourtant vu le Public applaudir ;

(*a*) Mettez un **W**, à la place de **R**, pour achever le ridicule.

mais je crois qu'un mouvement de *St. Val* en fut seul la cause. Fatiguée de se sentir secouer, quand elle doit chercher à dissimuler ses douleurs, elle releva sa tête avec audace, & l'on voyoit dans ses yeux pleins de feu, qu'elle sembloit dire à la *Vestris* : *Tes mains sont pour moi la robe de* Nessus, *malheureuse, je sçais mourir & te mépriser.* On découvre quelquefois, dans le jeu muet des Acteurs, leur façon de penser.

Je ne vous parlerai point de *Gabrielle de Vergi*, où la *Vestris* donne des convulsions & des hurlemens dignes du cimetiere de St. Médard, pour le profond désespoir de l'amour ; convulsions que la Médecine a nommées, que la Pharmacie traite, mais que la raison & le sentiment désavouent ; hurlemens qui expriment les supplices, & non l'affaissement de la belle nature. Elle faisoit évanouir quelques femmes, & ses Admirateurs crioient par-tout, qu'elle avoit fait *un pas dans la Tragédie* : c'est un écart qu'ils vouloient dire.

Il y a une Scene, dans cette même *Gabrielle*, où son mari doit lui surprendre la lettre de *Couci* : pour faciliter à *Fayel* une action qui ne doit pas être prévue, la *Vestris* s'appuye le coude sur le dos d'une chaise, étend le bras pour éloigner la lettre de ses yeux, comme les personnes qui lisent de loin ; & dans cette attitude, qui n'est pas naturelle ; car on tient près de soi la lettre de son Amant, elle se fait dérober le papier.

Fausse dans tous ses Rôles, on prend sa confiance pour la vérité, sa diction ampoulée pour de la noblesse, ses postures pour des positions, & sa toilette pour de la beauté. Jamais abandonnée dans les situations vraiment tragiques, parce qu'elle n'a ni larmes, ni sensibilité, ni ame, & qu'elle ne sent que la crainte de se décoëffer ou de s'effacer. Si les

Journaliftes avoient la permiffion de parler de fes défauts, ils en feroient de bons contes.

Lorfque forcé par les circonftances & l'enthou-fiafme du Public, le même Journalifte parle de *St. Val*, c'eft toujours pour tâcher de détruire l'im-preffion qu'elle a dû faire. » Elle a joué *Cléopâtre*, » *Phédre*, *Mérope*, *Clitemneftre*, *Jocafte* : c'eft dans » celui de *Mérope* qu'elle a réuni plus de fuffrages. » Dans les trois autres (il en avoit nommé cinq), » les inégalités de fon jeu ont été plus fenties : *en-* » *traînée par un feu* qu'elle ne regle pas affez, elle » oublie qu'il faut paroître Reine en même temps » que Mere, & que *le pathétique* ne doit jamais » exclure ni les convenances locales, ni les bienféan- » ces du fexe ». C'eft ainfi qu'en élevant les faux talens, en cherchant à dégrader les vrais, on plaît aux Protecteurs & aux Protégés; mais on irrite les gens de goût. Les pauvres Auteurs ont beau faire; la Comédienne arrangée & froide ne l'emportera pas fur l'Actrice *entraînée par fon feu.* Ces Meffieurs reffemblent affez aux infectes qui faliffent nos gla-ces; ils enlaidiffent la beauté, & ne fervent que la laideur. Malheur aux yeux ~~fur~~ qui prennent l'ari-dité pour la régularité !

St. Val, terrible dans *Cléopâtre*, pathétique & touchante dans *Pauline* & *Jocafte*, tendre & *déchi-rante* dans *Phédre*, *Elifabeth*, mere (& ce mot veut tout dire), dans *Mérope*, *Sémiramis*, *Clitemneftre*, obferve affurément les convenances non *locales* (*a*) ; (on ne fçait ce qu'ils veulent dire), mais carac-tériftiques, & du fexe, & du rang, & du genre.

Que la *Veftris*, toujours *charmante*, comme dit

______

(*a*) On croit que, par ce mot, le Journalifte veut dire qu'il faut toujours être en face du Parterre : Mademoifelle *St. Val* y tourne le dos, comme *le Kain*, lorfqu'il faut parler à quel-qu'un au fond du Théatre.

le Journal de Paris : le bel éloge pour une Tragédienne ! mais là vanité s’accommode de tout , & la pudeur rend foible fur les expreffions ; que *la Veftris*, enfin , amufe ceux qui aiment les pompons ! *St. Val* entraînera toujours les perfonnes qui ont une ame. Couvertes des larmes que cette Actrice fait répandre , je les entends s’écrier à côté des deftructeurs de fon talent : *Elle eft fuperbe* ! malheureufement, elle ne joue pas fouvent !

La *Veftris*, qui s’eft emparée, fous l’autorité du Supérieur, & par la mauvaife foi de quelques Comédiens, des emplois de *Gauffin* & de *Clairon*, ufurpe encore une partie de celui de la Demoifelle *Dumefnil*, tant on l’a perfuadée de la *fupériorité de fon intelligence :* & ce font les Journaliftes qui l’entretiennent dans cette chimere, en fupprimant tous les avis qu’elle pourroit recevoir : par exemple , qu’elle n’aura jamais la beauté & les accens de *Gauffin* ; qu’elle n’eft qu’une froide & feche imitation de la Demoifelle *Clairon*, & qu’elle eft trop mefquine pour les Rôles de la Demoifelle *Dumefnil*.

Ce n’eft pas que le Parterre lui donne quelquefois des leçons ; mais elle les méprife, & fe plaint des cabales faites contr’elle. Qui donc pourroit être envieux de fes talens ? Ils font comme ceux de *Néron* ; c’eft une cohorte qui les foutient. Je ne vois perfonne au Théatre qui foit la dupe de fon mérite de convention ; il eft plus aifé de voir dans le Parterre les gens qu’elle paye pour être applaudie, & pour faire taire, quand on bat des mains aux autres.

On dit que les Auteurs ne lui donnent des Rôles, que parce qu’ils y font contraints, par l’efpoir d’être joués plutôt , & la promeffe d’avoir des penfions : mais je ne puis croire que des Gens de Lettres , tels qu’ils foient, ayent la baffeffe de fe foumettre à de pareilles conditions. Cependant tout le prouve ; les Auteurs qui ont affez de bon fens pour donner des Rôles à *St. Val* ne font pas joués ; ceux qui les donnent à *la Veftris* paffent avant les autres. J'ai une anecdote à ce fujet que je vous conterai quelque jour.

Cependant j'efpérois, ma chere coufine, que vous vous contenteriez de cette Lettre ; mais *vous voulez tout fçavoir ; tout fçavoir*, en vérité, c'eft une chofe impoffible. *Tout lire ce que l'on a écrit*, eft un peu plus aifé, du moins les Mémoires. Je vous préviens qu'il y en a beaucoup, & qu'ils ne peuvent entrer dans ce paquet. Je les copie : ma Tante, qui me voit fixée dans fon Cabinet, prétend que je fais quelque Journal ; elle n'eft méchante qu'avec moi.

Seconde Lettre, &c.

Paris, ce 8 Juin 1779.

Pour continuer l'hiftoire de *St. Val* ; hiftoire que l'on prendroit pour une fable, fi l'on en fçavoit tous les détails, je répondrai au mois de Janvier prochain.

Deux Intendans des Menus vinrent l'un après l'autre la preffer, la prier même de revoir encore le Supérieur. Ils lui firent entendre que certaine-ment, elle auroit, & *fon argent*, & *les Rôles* qu'elle réclamoit ; elle céda plutôt à fes amis qui l'encou-ragerent, qu'à l'efpoir que les Menus lui donnoient. Il la reçut très-bien, & lui promit toujours pour Pâques *fon argent & fes Rôles*, en lui repréfentant avec une forte de douceur, qu'elle fe conduifoit mal ; que fes camarades fe plaignoient d'elle ; qu'elle ne les voyoit point ; lui offrant de la remettre bien avec eux, de faire même des excufes de fa part, infiftant toujours fur la néceffité où elle étoit d'aller aux Affemblées. Une petite circonftance découvrit *à St. Val* le fond qu'elle devoit faire fur ces difcours. On demanda *Ino & Mélicerte* pour la Cour; Mademoifelle *Dumefnil* avoit joué *Ino* cinq ou fix ans avant. *St. Val* demanda le Rôle ; la *Veftris* le prit, & le fieur *Deffentelle* écrivit l'ordre à *St. Val*, de la part du Supérieur, de jouer *Thémiftée. St. Val*, en fille d'efprit, diffimula cette injuftice, & vengea, fur la Comédienne *Ino*, habillée en Efclave, l'affront fait à l'Actrice Reine. L'Intendant des Menus avoua à quelqu'un que *la Veftris* s'étoit repentie d'avoir pris le Rôle. Quand on peut tout ce que l'on veut, on ne fçait bientôt plus que vouloir. *St. Val* avoit cependant écrit encore une fois au Supérieur.

MONSEIGNEUR,

J'ai été à l'Affemblée d'hier Samedi , parce-qu'elle étoit indiquée pour la Cour. Je ne crois pas que vous exigiez que je m'y rénde dorénavant , puifque ce n'eft que pour y recevoir les volontés de Mademoifelle *Veftris*. Permettez - moi de vous dire, Monfeigneur , que lorfque l'on veut mainte-nir le bon ordre dans une Société , il ne faudroit pas qu'un des Perfonnages, eût-il un talent Supérieur, jouît du droit de la prééminence. On a lu un réper-toire dans lequel Mademoifelle *Veftris* eft feule employée. J'ai réclamé une des deux Reines *d'Ino & Mélicerte* ; Mademoifelle *Veftris* a dit qu'elle ne vouloit pas de *Thémiftée*, parce qu'elle ne jouoit pas de Reine ; il eft vrai qu'elle n'en doit pas jouer ; mais, après avoir dit qu'elle ne jouoit point de Reine , elle a pris *Ino* qui en eft une, & *Didon*, une autre. Ainfi , Monfeigneur , vous donnez à Mademoifelle *Veftris* le droit le plus révoltant pour des Comédiens; celui de choifir dans *tous les emplois*, le Rôle brillant, & de laiffer aux autres les médiocres. Ma sœur & moi nous sommes ses Soubrettes.

Si vous eussiez été témoin de l'air de bonté dédaigneuse avec laquelle elle faisoit écrire Mademoiselle *St. Val cadette* pour les Rôles dont elle ne vouloit pas, même à la Cour, au grand étonnement de M. *Dessentelle*; avec quel ricanement insolent elle disoit que ma réclamation pour *Didon* étoit une plaisanterie, vous seriez honteux, Monseigneur, de voir que l'on abuse de votre protection pour insulter quelqu'un comme moi qui n'ai d'autre tort que d'être haïe de vous.

J'ai eu l'honneur de vous demander *Didon*, *Ariane*, *Zénobie*, *Hermione*, *Roxane*, *Idamé*, *Viriate*, comme Reines ou meres; je les réclamerai toujours, n'ayant point en mes talens la haute confiance que Mademoiselle *Vestris* a dans tout; je ne demande point les droits d'ancienneté qui, comme à Mademoiselle *Dumesnil*, me donneroient les premiers Rôles dans toutes les Tragédies, Princesses ou Reines; mais au moins, je crois avoir assez de talens pour jouer *dix-huit* grands Rôles, quand Mademoiselle *Vestris* en a plus de *cent*. Daignez voir tous les Comédiens, hors moi, jouissant de leurs droits d'ancienneté: Madame *Préville* & Mademoiselle *Hus* aux premieres Amoureuses avant Mademoiselle *Doligny*; Madame *Belcourt* aux Soubrettes les plus légeres, quoiqu'il y ait les Demoiselle *Luzi* & *Fanies*, & décidez mon état; je n'en déciderai qu'après vous.

Cette Lettre resta sans réponse; la crainte, je crois, qu'elle ne tombât dans quelques mains indiscrettes (vous voyez qu'il avoit eu tort), avoit rendu le Supérieur plus circonspect. Eh! d'ailleurs répond-t-on à qui a raison, & que l'on voudroit anéantir, afin de créer un nouvel être, pour lequel toute comparaison est distinctive? Qu'une Idole est embarraffante, quand elle ne fait pas de miracles ! Enfin, l'on propofa la voie de conciliation, & l'on choifit le fieur *Préville.*

St. Val n'héfita point ; on lui avoit dit que cet Acteur s'étoit plaint avec amitié de la froideur de *St. Val* ; je crois que c'étoit pour fe rendre important, néceffaire ; car les avances de *St. Val* n'ont rien produit. Il convient bien que *St. Val* a raifon ; mais qu'eft-ce que cela *prouve d'avoir raifon ? Les Supérieurs font les maîtres.* On dit que ce *Préville* a la fantaifie de mettre les Comédiens fous des Directeurs ; & que comme il en feroit un, cette expectative le rend très-fouple auprès de MM. les Gentilshommes de la Chambre. Je ne crois pas qu'aucun des gens à talens vouluffent refter à gages.

Dans une premiere Lettre à *Préville*, *St. Val* rendoit compte de fa froideur ; dans l'autre, de fes droits : je vous envoie toutes les deux.

Lettre premiere.

Il m'eft revenu, mon cher Camarade, que vous condamniez ma conduite vis-à-vis de la Société, & que vous blâmiez le defir que j'avois d'avoir quelques Rôles fupprimés de mon emploi en faveur de Mademoifelle *Veftris*, n'ayant pas affez de fanté pour jouer le peu de Rôles que l'on m'a laiffés. Senfible à vos reproches, & jaloufe de votre approbation, je me fais un vrai plaifir de m'expliquer avec vous. Ce n'eft point par *mépris* que je ne vais pas aux Affemblées, ce fentiment n'eft pas fait pour des Camarades ; mais, par l'excès de ma fenfibilité, je fuis humiliée de voir mes Affociés applaudir à la retenue de mes partages, quand le Roi, par fes Ordonnances, ne permet à nos créanciers même, que de faifir fur un tiers, les deux autres étant alimens

& vêtemens : vous fçavez mieux que moi , mon cher Camarade , que jamais on n'avoit exercé cette rigueur ; vous n'ignorez pas que j'avois un congé ; que dans les trois mois & demi de mon abſence , je n'ai joué que cinq ſemaines , parce que j'avois beſoin d'argent ; qu'enfin la loi que l'on m'impoſe n'étoit pas faite , & que ſi elle a lieu dorénavant , elle ne peut avoir un effet rétroactif.

Vous dites que je n'ai point de ſanté : je vais vous avouer la vérité , & vous la ſentirez. Croyez-vous qu'il ſoit agréable de n'avoir que ſept ou huit Rôles à jouer , à recommencer ſans ceſſe ? On fait des efforts pour rajeunir le Rôle vieilli , & l'on ſe tue. Animée par un Rôle moins rebattu , la tête & la ſanté ſe remontent ; on aime ſon métier , & l'on vaut mieux. Loin de me blâmer , mon cher Camarade , plaignez-moi, plaignez ma ſenſibilité, qu'on honore du nom de folie , de vanité , d'humeur , & voyez les injuſtices que j'éprouve , la douleur qui en eſt la ſuite , & la maladie qui en eſt l'effet.

Préville chercha *St. Val*, l'engagea à les voir , & le tout fut le mieux du monde.

Il fallut encore, par les inſinuations du Supérieur, traiter avec *Préville*; c'étoit ſon homme du moment.

Seconde Lettre à **P***réville.*

Je ſuis trop heureuſe , mon cher Camarade, que vous me donniez les moyens de diſcuter mes intérêts. Le Supérieur le deſiroit ; & , dans les différentes perſonnes dont il m'a propoſé la médiation , je n'ai point héſité à vous choiſir. Dites-moi, mon cher Camarade , quand finira l'eſpece de Comédie que l'on joue à mes dépens ? Pourquoi, lorſque l'on peut rendre agréable l'état d'un de ſes Aſſociés , s'obſtine-t-on à le rendre cruel, odieux ? Qu'ai-je fait pour mé-

riter tant de mépris, tant d'injures , tant d'offenfes ?
J'ai été dix ans à demie part ; Mademoifelle *Veftris*
a été reçue dès fon arrivée. A la retraite de Mademoifelle *Dubois* , on lui a donné tous les Rôles de
Princeffes; on a paru me donner un emploi convena-
ble en me plaçant aux Reines : mais , en fuppofant
que ma laideur équivaloit à l'âge de Mademoifelle
Dumefnil , on me veut reftreindre aux Rôles qu'elle
avoit confervés. Vingt-deux Rôles , dont dix feulement font bons , compofent tout mon emploi; huit
autres, qui devroient en être, font confondus dans
la lifte de Mademoifelle *Veftris* ; ces Rôles cependant
font des Reines, ou des Meres , ou des Femmes *délaiffées* qui ne vont point aux graces de Mademoifelle Veftris. D'ailleurs , j'ai pour moi l'ordre du
Tableau; perfonne jufqu'ici n'a perdu fon droit d'ancienneté , ce n'eft qu'à moi qu'on le refufe, encore
pour huit Rôles ! Que feroit-ce donc fi j'euffe voulu
en jouir tout entier ? On eût préfenté une Requête
pour me faire mettre aux Petites-Maifons, puifque
Mademoifelle *Veftris* a bien ofé dire en pleine Affemblée , Samedi, que j'étois folle ; que j'avois la
fievre chaude , quand j'ai reclamé *Didon*. Mais je ne
porte pas mes vues plus loin que les huit Rôles d'aug-
mentation. Mes Camarades me renvoient au Supérieur , qui me renvoie à mes Camarades, après m'a-
voir dit qu'il arrangeroit tout : que puis - je faire ?
Que puis-je dire ? Que puis-je efpérer ? Mademoifelle *Veftris* tient tout , Rôles , crédit, protection ;
un jour elle obtiendra confidération , penfion; on
ne dira pas qu'ufurpatrice, ambitieufe & vaine, elle
a tout envahi à mon détriment; on fera valoir l'é-
tendue de fon travail , plus de deux cens Rôles de
Tragédies ; & comme elle aura tout fait, elle aura
tout mérité. Si les Comédiens alors ofent murmurer
de quelque préférence , ou s'élever contre fes pré-

tentions, ils ne feront que des ingrats, nourris par
fes grands talens, & moi devenue inutile par la mé-
diocrité de mon emploi, anéantie par mes chagrins,
faftidieufe au Public, qui ne me voit que dans cinq
ou fix Rôles ; je ne ferai qu'un Membre inutile à la
Société, un Sujet perdu pour le Public. Ni mes Camarades, ni moi ne fommes faits pour courir de
pareils inconveniens. Il faut une décifion ; le Supérieur me la promet : il veut qu'elle paffe par votre
voix, j'y confens : je demande *Emilie*, *Hermione*,
Roxane, *Ariane*, *Viriate*, *Didon*, *Zénobie*, *Idamé*.
Si vous ne me trouvez pas affez de talens pour ces
Rôles, & que Mademoifelle *Veftris* vous paroiffe en
avoir plus que moi, je ferai valoir mes droits d'ancienneté. Souvenez-vous qu'il faut une délibération
des Comédiens, fignée de toute la Société, qui conf-
tate que » la derniere reçue, doit avoir à fon gré
» tous les Rôles brillans de deux cens Tragédies,
» & que c'eft par grace qu'on en laiffe vingt-deux,
» dont quatoze médiocres, à la premiere ». Ma pro-
teftation fera au bas de l'écrit, afin qu'elle puiffe
un jour fervir aux fujets plus juftes, plus fages &
plus héureux, qui nous remplaceront.

Je vous prie de communiquer cette Lettre à l'Affemblée ; j'en envoie le double à l'un de MM. les
Gentilshommes de la Chambre.

Préville dit qu'il répondroit à tous les articles avec
la *probité*, avec l'intérêt que les talens de *St. Val*
exigeoient ; mais fa Lettre du 4 Novembre 1778, n'a
pas été fuivie d'une autre ; il s'étoit trop avancé, il
avoit trop promis.

Pâques arrivées, le Supérieur a fait rendre l'argent ; mais, après avoir fait venir *St. Val* à Verfailles, dix fois de fuite, toujours fous le prétexte
de fes Rôles, il a fini par lui dire qu'il ne pouvoit
pas s'en mêler ; » que cela regardoit abfolument les

» Comédiens, & qu'il falloit s'adreſſer à la Troupe
» aſſemblée.

St. *Val* lui repréſenta que, puiſqu'il l'avoit aſſurée
lui-même que ſes Camarades ne l'aimoient pas, il
devoit ſentir qu'ils jugeroient contr'elle ; que
d'ailleurs on lui avoit dit que la *Veſtris* s'étoit fait
ſigner une liſte des Rôles où ſe trouvoient ceux que
St. *Val* demandoit.

Souvenez-vous, ma chere couſine, de cette ré-
ponſe de l'un de MM. les Gentilshommes de la
Chambre.

» Il n'eſt point vrai que Madame *Veſtris* ait une
» liſte de Rôles ; il faut bien qu'elle joue, puiſque
» vous êtes toujours malade..... Mais laiſſez-vous
» conduire par moi : ſi les Comédiens trouvent
» qu'il eſt de leur intérêt que vous ayez des Rôles, ſû-
» rement ils vous en donneront..... Que ſçavez-
» vous ſi je ne leur ai point parlé pour qu'ils ju-
» gent en votre faveur ? » St. *Val* déterminée par
ces paroles (eh ! qui eſt-ce qui ne les eût pas crues),
demanda l'Aſſemblée.

DISCOURS de Mademoiſelle St. *Val* l'ainée, lu à l'Aſſemblée des Comédiens François, le 27 Avril 1778.

Je prie mes Camarades de vouloir m'écouter avec
quelque attention, & de ne point confondre l'ambition qui veut tout envahir, avec le zele qui ne
demande qu'à être employé ; je n'accuſe perſonne,
& je veux me défendre.

J'ai été reçue, en 1767, en double de Mademoiſelle *Dumeſnil* & de Mademoiſelle *Dubois* : comme
on ne prévoyoit pas la retraite de l'une, & que
celle de l'autre paroiſſoit plus prochaine, on ne

ſtatua rien ſur les Rôles ; j'étois la derniere, je jouois
tout en double, comme Mademoiſelle *Clairon* du tems
de Mademoiſelle *Gauſſin* & de Mademoiſelle *Dumeſnil*. Cependant, comme on me deſtinoit à l'emploi des Reines, qui, croyoit-on, étoit le plus
difficile, & le plus prochain à remplacer, tous les
Rôles qui en étoient, ou qui en auroient été, m'appartenoient. Il s'éleva quelques conteſtations entre
Mademoiſelle *Dubois* & moi, pour des Rôles que
Mademoiſelle *Clairon* avoit joués ; le genre en dé-
cida : tout ce qui étoit *Reines*, ou *Meres*, ou *Femmes
délaiſſées*, m'appartenoit comme double de Mademoiſelle *Dumeſnil* ; l'un de MM. les Gentilshommes
de la Chambre, & Mademoiſelle *Dumeſnil*, dont
j'ai les Lettres & Billets, jugerent ainſi, à l'occa-
ſion des Rôles de *Zénobie*, d'*Ariane* & de *Roxane*.

Il n'en eſt pas moins vrai que ſi Mademoiſelle
Dumeſnil ſe fût retirée avant Mademoiſelle *Dubois*,
celle-ci auroit repris, par ſon droit d'ancienneté,
les emplois en chef, ou de Reines, ou de Princeſſes,
ou tous les deux, & je n'aurois été que ſon double, comme MM. *Monvel*, *la Rive*, *Fleuri* le ſont
de M. *Molé*, qui vient de reprendre les emplois de
le Kain & de *Belcourt*, & parce que, depuis cent
dix-huit ans que le Théatre exiſte, l'ancienneté à
toujours prévalu. L'emploi de Reines, Meres, Femmes délaiſſées, eſt cependant ſéparé de celui des
Princeſſes & Amoureuſes, non par le droit, mais par
le fait, & parce que plus on a de talens, plus on
craint de ſe compromettre en jouant, à tort & à
travers, tous les caracteres, pourvu que le Rôle
ſoit bon.

Trois Actrices avoient inſenſiblement partagé les
emplois. La Demoiſelle *Gauſſin*, comme ancienne,
choiſit & garda les Rôles, dits *larmoyans* ; Mademoiſelle *Dumeſnil*, ceux de Reines, Meres, &

Femmes délaiffées, ou Rôles de *grande force*; Mademoifelle *Clairon* fe compofa un emploi des Rôles que fes deux anciennes lui céderent, ou par complaifance, ou par fatigue, ou par raifon d'âge. Mais Mademoifelle *Clairon*, je le répéte, n'a jamais eu de Rôles en chef que les nouveaux. Elle n'a jamais joué *Zénobie*, & je ne prétends point abufer de ce que l'on raconte dans le monde. Mais quelqu'un digne de foi m'a affuré que, demandant à Mademoifelle *Clairon*, en 1765, pourquoi elle ne jouoit point *Hermione*, elle avoit répondu que ce Rôle étoit dans l'emploi des Reines : on dit, je ne l'affure pas, qu'elle avoit acheté *Roxane* mille écus. Ces Rôles ne font donc pas de l'emploi des Princeffes ; on cite donc en vain contre moi Mademoifelle *Clairon* : en fe mettant à fa place, il faut m'enlever celle de Mademoifelle *Dumefnil* que le tems m'a donné, ou convenir que ma réclamation eft jufte.

On a voulu me faire entendre que *poffeffion faifoit loi*. Tant que Mademoifelle *Dumefnil* a tenu la Scene, & depuis près de trois ans qu'elle eft retirée, je n'ai ceffé de protefter contre les ufurpations. J'ai voulu jouer *Roxane* ; un Exempt de Police eft venu me défendre de m'habiller. Qui de vous, mes Camarades, eût fouffert un pareil affront ? Je l'avouerai, je n'ai cédé, j'ofe le dire, qu'aux prieres de M. le Maréchal de Richelieu, qui me promit alors, & m'a toujours promis de me rendre juftice. M. de la Ferté m'écrivit, de la part de M. le Duc de Fleury, pour jouer *Athalide*, le fecond Rôle, & j'obéis ; je n'en pouvois jouer deux dans la même Piéce. J'apprends qu'ils font cependant tous deux fur la lifte de Mademoifelle *Veftris* ; elle a plus de talent fans doute que moi.

Le début de Mademoifelle *Raucourt* m'a fait céder, pour un tems, *Didon*. Un début ne fait pas
loi,

loi. J'ai reclamé, cet Hiver, *Ino* ; les Superieurs m'ont forcée à jouer *Thémiſtée* ; mais j'ai refuſé de la jouer à Paris : cependant je la garderai, & ne veux plus d'*Ino*. Il n'y a point de poſſeſſion, quand on a toujours proteſté contre, & je proteſte encore. Mes Camarades péuvent ſe rappeller qu'il y a quatre ans, je reclamai les huit Rôles que je demande aujourd'hui ; que l'on fut aux voix, & que tout le monde convint que ma reclamation étoit fondée ; que les Rôles m'appartenoient & m'appartiendroient ; mais je l'invoque aujourd'hui contre tout ce qui peut avoir été fait depuis.

On ſe plaint de ce que je ne travaille pas. Eh ! l'on m'a fait, à grande peine, depuis la retraite de Mademoiſelle *Dumeſnil*, une liſte de vingt-deux Rôles, qu'on a préſentée à MM. les Gentilshommes de la Chambre, comme très-ſuffiſante pour moi ; mais je n'ai point accédé à cette liſte ; elle ne m'a point été communiquée, je ne l'ai point ſignée.

Toutes les fois que des Aſſociés font un *Réglement nouveau*, il faut qu'il ſoit publié, examiné, approuvé de tout le Corps ; une ſeule voix contre, en arrête l'effet, ſur-tout quand c'eſt pour détruire des Loix, des uſages, un ordre établi depuis cent dïx-huit ans.

Toute Aſſemblée, ſans cela, deviendroit tumultueuſe, incertaine ; le plus adroit, le plus méchant cabaleroit, en impoſeroit, & la machine ſuccomberoit ſous les coups qu'elle ſe feroit portée elle-même. Les gens à talens devroient bien prendre garde à tout ce qui peut conduire à l'arbitration.

Quant à moi, dont la cauſe n'eſt que le rétabliſſement d'une Loi négligée, la pluralité peut ſuffire ; il faut laiſſer aux amis le plaiſir de dire : je n'étois pas contre vous ; à ceux qui ſe ſont trompés, par malice, j'ai tenu bon.

C

[34]

Je demande qu’on ajoûte par écrit, à une nouvelle liste qui fera faite des Rôles de mon emploi,
les huit que je réclame comme mon bien , comme
faifant partie du territoire que l’on m’a confié pour
mettre en valeur, par l’acte d’affociation, paffé entre
nos Prédéceffeurs , & l’engagement que nous avons
contracté les uns après les autres, les uns avec les
autres.

Je déclare cependant que je ne prétends pas en
faire à jamais une loi : les perfonnes qui me fuccé-
deront, auront, comme Mademoifelle *Dumefnil* qui
m’a précédée, le droit de jouer tous les Rôles Tragiques. Il feroit injufte que ma foibleffe fît loi contre
quelqu’un plus courageux que moi : contente de
remplacer Mademoifelle *Dumefnil*, non dans fa ca-
ducité, mais dans fa mefure raifonnable, je demande *Hermione*, *Zénobie*, *Viriate*, *Ariane*, *Didon*,
Roxane, *Idamé*, *Emilie*, comme Reines, Meres &
Femmes *délaiffées*.

On me dira que Mademoifelle *Dumefnil* n’a jamais joué *Idamé :* ce n’eft pas, comme double non
plus que je le demande ; c’eft comme ancienne, &
parce que c’eft une Mere , comme *Clitemneftre*,
comme *Mérope*, une femme enfin dont le mari eft
âgé. *Emilie* eft une Romaine, une Confpiratrice qui
ne peut être dans l’emploi des Princeffes : *Ariane*,
Didon, *Roxane*, *Hermione* font des Femmes délaiffées, & ne font point dans la claffe des Amoureufes. Mademoifelle *Duclos* jouoit *Ariane* ; Mademoifelle *Clairon* n’a point joué *Zénobie*. Je crois bien
que, pendant les voyages de Fontainebleau, elle a
joué à Paris ce qu’elle a voulu, mais comme double ;
& je ne contefte point le droit de me doubler , dans
tous mes Rôles, aux Actrices reçues après moi ; je
le defire même , le fervice n’en ira que mieux.
MM. *Montvel*, *la Rive*, *Fleuri* fecondent M. *Molé :*

Mademoiselle *Veſtris*, Mademoiselle *St. Val* ont les mêmes droits. Mademoiselle *St. Val* eſt à-peu-près dans la poſition où ſe trouvoit Mademoiselle *Clairon* entre Mademoiselle *Gauſſin* & Mademoiselle *Dumeſnil*, & où s'eſt trouvée Mademoiselle *Dubois* entre Mademoiselle *Dumeſnil* & Mademoiselle *Clairon*, & moi-même entre Mademoiselle *Dumeſnil* & Mademoiselle *Dubois*; elle aura le même ſort, avec cette différence cependant, qu'il me ſemble qu'elle a été reçue pour l'emploi de *Gauſſin*, & qu'elle eſt trop jeune pour jouer des Reines. C'eſt vieillir ſa perſonne, trop rajeunir ou dénaturer un Rôle : avec ſon talent, toutes les Reines & Meres paroîtroient de *l'emploi des Amoureuſes*.

Je ne rappellerai point les objets chagrinans qui n'ont que trop porté ſur mon ame ; j'ai promis au Supérieur de dire mes raiſons, & non mes peines. On ſe plaint que je ſuis malade, c'eſt que je ſuis malheureuſe. Rien ne fatigue & ne dégoûte comme de jouer toujours, & recommencer ſans ceſſe *Mérope*, *Sémiramis*, *Phédre*, *Eliſabeth*, &c. & je crois pouvoir repréſenter que le Public pourra bien à la fin s'en laſſer. J'aurai donc à reprocher à mes Camarades, & de m'avoir forcée à devenir un objet faſtidieux, & de m'avoir contrainte à les dénoncer au Public. On me reproche de ne point chercher mes Camarades : qu'ils me traitent avec amitié, ils me trouveront bientôt ſur leurs pas. Mon ame n'eſt que trop ſenſible, & c'eſt à ſes élans que je dois le titre de folle, dont on m'honore dans un certain monde. Heureuſement que, dans un autre, on y rend plus de juſtice à mon cœur, à mon eſprit, & que l'on ne me croit ni méchante, ni imbécille ! Puiſſent mes Camarades me voir dorénavant avec des yeux plus juſtes !

Je deſire leur amitié très-ſincérement : qu'ils ou-

blient . . . . . . ou, pour mieux dire, oublions ré-
ciproquement nos torts. Je voudrois pouvoir dire
à M. *Brisart*, aussi bien qu'il le dit lui-même :

. . . . .Soyons amis, Cinna.

Brisart se leva, & fit une belle révérence. Ce
Mémoire fut écouté dans le plus grand silence par
les Comédiens ; mais, comme ils ne rendent pas
compte de ce qui se passe à leurs Assemblées, on
ne l'a sçu qu'à la Cour, où ils furent trouver l'un
de MM. les Gentilshommes de la Chambre, pour
lui dire que Mademoiselle *St. Val* avoit raison : mais,
comme ils connoissoient l'intérêt qu'il prenoit à la
Vestris, qui s'étoit emparée des Rôles, ils dirent
qu'ils pensoient que le Supérieur lui-même devoit
en décider : il dit encore qu'il ne vouloit s'en mêler
en aucune maniere ; que le Sr. *Dessentelles* avoit dû
leur porter ses ordres par écrit, & qu'ils arran-
geassent le tout comme ils pourroient. *St. Val* y fut
après ses Camarades ; mais elle ne trouva pas la
même douceur. D'abord, d'un air composé, ce Supérieur lui demanda ce qu'elle venoit faire ; qu'il
avoit renvoyé aux Comédiens pour des Rôles ; qu'il
ne vouloit plus en entendre parler ; que, pour toute
autre chose, il la recevroit, tant qu'elle voudroit.
Il lui echappa de dire, avec un peu d'humeur : Madame *Vestris* ne doit pas être contente. Mais je ne
sçais pas ce qu'il a dit de plus : il en a tant dit, soit
lui, soit quelques Comédiens ! la *Vestris* n'ignora
point que les Comédiens balançoient entre elle &
St. Val. Le frere de la *Vestris* devint son Chancelier
à l'Assemblée suivante, & vous verrez qu'il n'est pas
meilleur Raisonneur que Farceur, d'ailleurs assez
impertinent.

Réflexions du Sr. Dugazon.

La Comédie , même du tems de Mefdemoifelles *Dumefnil* & *Clairon*, a fixé leurs emplois. A-t-elle tort ou raifon ? Mefdemoifelles *Dubois* & *Duranci* ont joui de ce droit : Mefdemoifelles *St. Val* & *Veftris* font arrivées : laquelle des deux eft ambitieufe ? Eft-ce Mademoifelle *Veftris*, qui ne fait que conferver un patrimoine très-étendu; ou Mademoifelle *St. Val*, qui en réclame des Rôles que fes anciennes ont peut-être eu *la foibleffe* de laiffer claffer par la Comédie dans l'emploi des Princeffes. Qu'arrivera-t-il, fi Mademoifelle *Veftris* céde ? Que le *Public* & les *Partifans* de Mademoifelle *St. Val* diront . . . . . Vous voyez bien que tout le mal dit fur Mademoifelle *Veftris* eft vrai , & que l'on avoit raifon de donner créance à Mademoifelle *St. Val.*

Si l'on pouvoit contefter les droits que Mademoifelle *Veftris* a reçus de fes anciennes, ce feroit à la Comédie à fe charger du blâme. Nous avons cru bien établir l'emploi des Reines ; nous allons écrire que nous avons tort depuis vingt ans, & que nous n'enverrons plus de décifions qui contrarient ce que Mademoifelle *St. Val* demande ; que nous annullerons le Répertoire Tragique, & que nous rendrons public , que tout ce que l'imprudence des amis de Mademoifelle *St. Val* ont répandu fur le compte de Mademoifelle *Veftris*, qu'ils dénigrent, eft fans le moindre fondement, & que Mademoifelle *St. Val* le défavoue hautement. Voilà , je crois , le feul moyen de concilier une affaire où la Coméde feule a tort , &c.

Il eft bien vrai que la Comédie a tort ; mais non pas toute feule : la *Veftris* fentoit bien , à la retraite de Mademoifelle *Dumefnil*, que Mademoifelle *St. Val* devenoit la premiere. Elle se fit une liste des soi-disantes Princesses, qu'elle a, dit-on, fait signer aux Comédiens, qui, sûrement, ne l'auroient pas signée *d'office*. Ils se sont trompés, parce qu'ils ont été séduits ; car ils ne sont pas assez ignorans pour avoir confondu les Reines & les Princesses : quand ils ont fait une sottise contraire à l'ordre du Tableau, le Supérieur l'a ratifiée, parce qu'elle étoit à l'avantage de la *Vestris* ; quand ils ont voulu rétablir l'ordre, sous les loix du bon sens, pour *St. Val*, le même Supérieur leur a dit que des *Juges* ne pouvoient point varier : mais je ne veux pas anticiper sur la fin de cet événement. *St. Val* a fait l'honneur au sieur *Dugazon* de lui répondre.

Second Discours de la Demoiselle St. Val, l'aînée, lu à l'Assemblée de Messieurs les Comédiens François, le 23 Avril 1779.

Je croyois avoir répondu à M. *Dugazon* ; mais je ne trouve dans ses *réflexions* que des attestations fausses, un ordre de faits tronqués & controuvés. Il n'est point vrai que la Comédie ait fixé les emplois du tems de Mesdemoiselles *Dumesnil* & *Clairon* : ni l'une ni l'autre ne l'eussent souffert. La première avoit le droit de tout jouer ; l'autre, l'ambition ; &, à cet égard, Mademoiselle *Vestris* l'a remplacée. Elle ne dissimule pas la prétention de tenir sa place, quoiqu'il y ait une distance de tems & de Personnages ; elle passe avec mépris sur Mademoiselle *Dubois*, sur moi, pour remonter au premier rang, au nom de celle qui ne tenoit que le second. Il est bien vrai, qu'à mesure que Mademoiselle *Dumesnil* a vieilli, il s'est fait des anticipations, comme dans les grands Etats ; l'Anarchie succéde à l'ordre que la foibleſſe ne ſçait plus maintenir. Mademoiſelle *Du-meſnil* abandonnoit; on l'y forçoit par des intrigues, par des dégoûts; on diſoit qu'elle s'enivroit, comme on dit que je ſuis folle, & l'on partageoit ſes dé-pouilles. Mais aurois-je accepté ſon emploi à dix-huit ans, s'il n'eût été réellement compoſé que de ce qu'elle jouoit à ſoixante? Je ſerois reſtée à mon rang, & j'euſſe partagé *également* les Princeſſes avec Mademoiſelle *Veſtris*.

La queſtion de M. *Dugazon*, qui de ſa ſœur ou de moi eſt la plus ambitieuſe, n'eſt pas difficile à réſoudre. Ce n'eſt pas moi, qui ne demande que *huit* Rôles, quand j'en laiſſe *cent quatre* à Mademoi-ſelle *Veſtris*, & même deux *cens*. Où M. *Dugazon* a-t-il vu que je ne dois jouer que des Reines ? Je ſuis plus jeune que Mademoiſelle *Veſtris*, quoique la plus ancienne. L'ordre de ma réception porte les Reines : mais Meſdemoiſelles *Dumeſnil* & *Clairon* étoient en double, même des Soubrettes. Madame Drouin, reçue en 1742, a débuté dans *Chimene* ; je ne ſçais pas ſi Madame *Préville* n'a pas été reçue pour les confidentes Tragiques. Qu'eſt-ce que cela prouve ? Que, de tous les tems des Spectacles, l'Ac-teur ou l'Actrice, qui s'eſt livré à un emploi, l'a exercé en raiſon de ſon droit d'ancienneté, de ſon talent, & non de la fantaiſie, ou de l'intrigue.

Mademoiſelle *Veſtris*, dit M. *Dugazon*, conſerve un patrimoine très-étendu. Mais il n'eſt pas queſtion de patrimoine; nous ſommes des gens de main-morte, pour ainſi dire, comme les Moines, & propriétaires ſeulement de nos revenus ; le fonds appartenoit à nos Prédéceſſeurs, il appartient à ceux qui nous ſuccédent.

Pour ſuivre la comparaiſon de M. *Dugazon*, nous exploitons en commun un champ, où nous avons cha-cun un quartier de terre à labourer ; un dernier venu anticipe fur mon terrein, parce que la charrue de celui qui l'a précédé, y a pouffé quelques fillons. Je m'en apperçois, & je demande de nouvelles limites. Il n'y a point de Tribunal, qui ne revienne fur un Jugement furpris en pareille occafion, & la confcience la plus timorée n'héfiteroit pas : les Comédiens peuvent rappeller d'eux à eux-mêmes, fans fe dégrader ; on ne leur fera point de reproches de m'avoir donné de l'emploi. Mademoifelle *Veftris* refufe, par vanité, & mes Camarades ne prononcent pas par foibleffe, &c. Mademoifelle *Veftris* doit bien s'amufer de ce qui fe paffe.

M. *Dugazon*, qui, dans la derniere Affemblée, difoit qu'on avoit tort de le faire fortir, & que perfonne mieux que lui ne pouvoit ramener fa fœur à des moyens de conciliation, vient à préfent jetter en avant une idée faite pour donner de l'humeur à Mademoifelle *Veftris*, & piquer fa vanité, en difant que *le Public conclura , s'il me voit jouer d'autres Rôles , qu'il étoit vrai que Mademoifelle* Veftris *m'avoit dépouillée.*

Mais fi le Public le dit, c'eft en ne me voyant pas jouer. Pourquoi ne le pas faire parler plus honnêtement, ce Public fi jufte, quand il n'eft pas acheté ? On fe plaignoit de ne pas voir affez fouvent Mademoifelle *St. Val* ; Mademoifelle *Veftris* lui a rendu d'anciens Rôles de l'emploi de Mademoifelle *Dumefnil* trompée jufqu'à préfent par l'ufage qu'en avoit fait Mademoifelle *Clairon*. Mais, avouons-le, M. *Dugazon* n'eft refté aux Affemblées que pour en gêner la liberté.

Je ne répondrai point à ce que M. *Dugazon* fe permet fur les perfonnes qu'il nomme mes amis ; s'il entend ceux que mon talent me donne, je n'ai pas le bonheur de les connoître, & ne puis leur rien dire ; s'il ofe parler des perfonnes qui me font l'honneur de me recevoir chez elles, & qu'il accufe d'imprudence, le reproche eft trop hardi ; j'aime mieux qu'il en foit chargé lui-même.

Le mot *dénigrer*, qu'il emploie, annonce la médifance ; je ne connois perfonne qui s'amufe à médire de Mademoifelle *Veftris*. D'ailleurs la médifance n'eft qu'une indifcrétion ; il faut tâcher de n'y pas donner lieu. J'aurois des reproches bien mieux fondés, bien plus cruels à faire ; les calomnies les plus atroces me noirciffent depuis long-temps.

M. *Dugazon* veut que la Comédie *ne faffe plus de décifions qui me contrarient.*

Je ne me fuis pas permis le ton d'ironie, dans ce que j'ai lu à mes Camarades, il ne faut pas fe le permettre dans ce que l'on répond.

Qu'ont de commun les Comédiens de Provinces avec nous ? Errant fans ceffe, changeant de Rôles comme de lieux ; tel jouoit les Princes dans une Troupe, qui joue les Confidens dans une autre. ; telle, les Princeffes, joue les Soubrettes, & telle les Reines, l'Opéra comique. Il n'y a point chez eux de rang d'ancienneté, qui toujours a prévalu parmi nous depuis 118 ans que nous exiftons fous des Réglemens, fous des ufages, fous des loix.

Sans rappeler les Actrices qui m'ont précédées, je fuis entourée de fujets qui jouiffent de leur droit d'ancienneté : pourquoi donc me le refufer ? Je me contente des *huit Rôles* que j'ai choifis pour en avoir *vingt*, quand celle reçue après moi, en a plus de *cent*, en peut jouer *deux cens dix-huit.*

Pourquoi fe plaindre aux Supérieurs que je ne travaille pas, fi l'on ne vouloit point me donner de l'emploi ? Il n'eft pas queftion d'examiner la nature des Rôles que je demande ; il faut examiner fi *j'ai le droit d'avoir des Rôles :* fi je ne l'ai pas, qu'on me donne ma retraite, comme inutile ; qu'il me foit permis d'aller jouer en Province ; Mademoiselle *Veſtris* , qui ne laiſſera pas perdre les droits d'ancienneté , réunira dans ſa perſonne , les *Duclos* , *Lecouvreur* , *Gauſſin* , *Clairon* , *Dubois* , *Dumeſnil &* moi - même , ſi je puis me citer après ces Actrices.

Que l'on n'imagine pas cependant que je m'oppoſe à l'écrit que M. *Dugazon* conſeille aux Comédiens pour le Public *:* s'ils le veulent , nous écrirons chacun de notre côté ; ſi rien ne ſe décide aujourd'hui , il faudra bien prendre ce parti. Je ne me conſumerai point en explications , en dits , & dédits , je n'abuſerai point de la complaiſance de mes Camarades pour *convoquer* des Aſſemblées : le Public nous jugera.

J'apporte la liſte des Rôles de Mademoiſelle *Veſtris* & de moi ; la comparaiſon en eſt honteuſe ; Mademoiſelle *Veſtris* en a 218 , y compris les huit que je réclame , & moi 22.

Mademoiſelle *Veſtris* a ſurpris les Comédiens , ſi , comme on le dit , elle leur a fait ſigner un état auſſi ambitieux. Ce procédé n'avoit jamais eu lieu de la part d'aucun Acteur ou Actrice , & par cela même , il eſt de toute nullité. Si les droits de Mademoiſelle *Veſtris* n'euſſent été fondés , qu'avoit-elle beſoin de la ſignature de nos camarades ? Madame *Préville* a-t-elle une liſte pour les Amoureuſes & les Meres qu'elle a priſes de l'emploi de Mademoiſelle *Dumeſnil* & de Madame *Belcourt* pour les Soubrettes ? Madame *Belcourt* , ſi animée contre moi , eh ! que lui ai-je fait ! joue des Rôles nobles dans le Philoſophe marié , l'Homme du jour , l'Anglois à Bordeaux , &c. qui ne ſont point de l'emploi des Soubrettes , mais ſeulement parce que Mademoiſelle *Dangeville* les jouoit , & qu'elle eſt la plus ancienne après elle. J'ai donc , comme la premiere après Meſdemoiſelles *Dumeſnil* & *Clairon* , le droit de jouer tout ce qu'elles jouoient ; & Mademoiselle *Vestris* après moi , comme elle en convient elle-même , ou plutôt comme elle en brigue le droit par sa lettre (*a*).

Sous prétexte d'utilité, profitant de mes maux, de mes dégoûts, de mes chagrins, pendant que l'on me faisoit défendre de jouer tels ou tels Rôles , Mademoiselle *Vestris* a pris ma place ; & quand j'annonce que mon zele est égal au sien ; que ma santé sera meilleure, si mes Camarades me traitent avec amitié ; quand je cesse de craindre de déplaire à l'un des Supérieurs , en reprenant mon service ; quand je redemande mon domaine , Mademoiselle *Vestris* le refuse : c'est absolument la Fable de la Lice & sa compagne. Est-ce comme Gens de Lettres, ou comme Comédiens que mes camarades jugent pour les Provinces ? Si c'est comme Gens de Lettres , ils auront de la peine à prouver que les Rôles que je demande sont de l'emploi des Princesses & Amoureuses ; les *Femmes délaissées* sont à la Tragédie ce que les *Personnages ridicules* sont à la Comédie ; l'emploi de la plus ancienne.

Est-ce comme Comédiens ? S'il s'en trouve beaucoup comme Mademoiselle *Vestris* , ils rendront des jugemens bien arbitraires , & feront rire les sujets de Province. Une femme, en lisant un Rôle, le croira de tel emploi : non , diront les Comédiens du Roi ; car Mademoiselle telle ne le joue pas. Les Comédiens, amis de Mademoiselle *Vestris*, *Préville,* *Brisard* , Madame *Belcourt* & *Suin* , disent qu'ils ne peuvent revenir sur leur signature. L'un de MM. les Gentilshommes de la Chambre, leur donne un exemple assez noble, je crois, de ce que l'on doit à la Justice : c'est lui qui a toujours protégé Ma-

(*a*) Voyez sa Lettre, à la fin.

demoiſelle *Veſtris* dans ſes hautes prétentions ; c’eſt en ſon nom , qu’on m’a fait défenſe de jouer les Rôles qui plaiſoient à Mademoiſelle *Veſtris* ; cependant, ſur mes repréſentations , il ordonna aux Comédiens d’en délibérer , de donner leur avis. On ne délibére point ſur une choſe jugée : il ne regarde donc pas la liſte de Mademoiſelle *Veſtris* comme un acte ſur lequel on ne puiſſe plus faire de corrections. Il m’a dit : *Voyez vos Camarades , ils feront certainement ce qu’ils doivent faire : il vaut mieux que vos demandes s’arrangent par eux.* Qui croiroit que Mademoiſelle *Veſtris* a oſé proteſter contre le vœu de ſon bien-faiteur qui tout récemment vient de donner un troi-ſiéme quart à ſa ſœur, dans l’eſpérance, peut-être , d’exciter ſa reconnoiſſance & ſon reſpect pour lui ?

Les Comédiens , par une complaiſance indomp-table, ont rompu leur Aſſemblée, & ſont retournés au Supérieur qui inſiſte pour qu’ils arrangent les Rôles. Si c’eſt un combat de politeſſes & d’égards, il faut pourtant qu’il ait une fin. C’eſt la derniere fois que j’ennuyerai mes Camarades de ma préſence & de mes diſcours.

Par délibération des Comédiens aſſemblés le 23 d’Avril, il a été arrête & porté ſur les Regiſtres de la Comédie , que Mademoiſelle *St. Val* auroit les huit Rôles ; quelques-uns, comme étant de l’emploi des Reines ; les autres, par ſon droit d’ancienneté ; & tous, ſi elle les eût demandés, *Veſtris* en double.

Vous croyez , ſans doute , ma chere couſine , que c’eſt une affaire conſommée ? Elle eſt pire que jamais. La *Veſtris* n’a point voulu reconnoître ce jugement, ſoit qu’elle eût dit au Supérieur que ſes Camarades l’aimoient trop pour ne pas être de ſon avis contre *St. Val*, ſoit qu’elle ait cru qu’ils n’oſe-roient pas, la ſçachant protégée , enfreindre les loix qu’elle avoit ſçu leur impoſer ; il paroît que c’eſt

elle - même qui a donné au Supérieur l'avis de renvoyer aux Comédiens, pour ne pas avoir l'air de
la partialité ; & je crois que les Comédiens ont été
dupes de leur bonne foi. *St. Val* préfentoit des
Lettres du Supérieur, qui décidoient en fa faveur
pour *Zénobie*, *Ariane* ; un billet de la Demoifelle
Dumefnil, pour *Roxane* ; une Lettre portée par M.
Deffentelles, de la part du Supérieur, qui ordonnoit
que les Comédiens s'affemblaffent pour juger les
conteftations des Rôles. Tout cela parroiffoit na-
turel & jufte ; tout cela n'étoit qu'un jeu, une
trahifon. Le Supérieur a dit qu'il ne croyoit pas que
les Comédiens *jugeroient comme cela ; qu'ils n'avoient
pas pu juger comme cela ; qu'ils ne pouvoient pas revenir fur leur fignature, au bas de la lifte & du Répertoire qu'ils ont fait pour la* Veftris, *& qu'il falloit
que MM. les quatre Gentilshommes jugeaffent.*

L'un d'eux propofoit une queftion pour détourner
d'une autre. Ce n'étoit pas de fçavoir fi les Comédiens avoient pu juger ; car ce droit leur appartient
affurément. MM. les Gentilshommes de la Chambre
ne fe connoiffent point en Rôles comme eux. Il
falloit fçavoir feulement s'il étoit jufte que le talent de
St. Val fût fubordonné à l'intrigue, l'adreffe, la
vanité de la *Veftris* ; fi *St. Val*, la premiere recue ,
pouvoit être la derniere , & s'il étoit d'ufage chez
les Comédiens de faire des liftes à l'infçu des
Chefs d'emplois. Le Supérieur a facrifié une autorité, dont il eft cependant affez jaloux, pour fervir
l'orgueil de la *Veftris*, qui, dit-on, lui perfuade tout
ce qu'elle veut : ne pouvant plus lui faire entendre
que fes Camarades l'eftimoient bien plus que *St. Val*,
elle lui a infinué qu'ils lui en vouloient , pour ce
moment, parce qu'elle a retardé la retraite de la
Demoifelle *Hus*. Quel intérêt, quel empreffement
les Comédiens auroient-ils à faire quitter la De-

moiſelle *Hus* ? Elle eſt encore d'une très-jolie figure, & ſûrement plus jolie que la *Veſtris* ; il vaudroit mieux renvoyer la Demoiſelle *Drouin*, que remplaceroit la Dame *Préville*.

La liſte des Rôles que la *Veſtris* oppoſoit au jugement des Comédiens n'auroit eu nulle valeur, ſi l'un de MM. les Gentilshommes de la Chambre eût gardé une décente neutralité. Que les Comédiens ayent donné à la *Veſtris* tous les Roles brillans de Reines & de Princeſſes, s'enſuit-il que d'autres Comédiens, moins corrompus, & peut être plus inſtruits, jugent que l'on s'eſt trompé ? Ces Comédiens ſolidaires de recette & de dépenſe, ne le ſont ni d'honnêteté, ni de ſens commun ; il a plu aux ſieurs *Briſard*, *Préville*, la Demoiſelle *Drouin* & *Belcourt*, de juger que la premiere Tragédienne devoit céder le pas à la ſeconde : les autres rétabliſſent l'ordre du Tableau ; ordre que toute la puiſſance du Supérieur ne peut détruire. *St. Val* ſera toujours l'ancienne ; dix-huit Comédiens ont jugé contre quatre ; encore ces quatre conviennent-ils du droit d'ancienneté. Ce n'eſt que pour plaire à l'un des Supérieurs qu'il fait valoir la poſſeſſion de la *Veſtris* ; mais la *Veſtris* n'a pas joué *Ariane* depuis ſon début, & n'a jamais joué *Didon* : elle ſera certainement très-ridicule dans ces deux Rôles, qui ne ſont point faits pour des poupées. Si les Comédiens avoient eu un peu d'ame, & qu'ils euſſent repréſenté humblement leurs droits de ſe juger entr'eux, vu qu'ils ont dans le Public un Juge ſouverain, le Supérieur les auroit laiſſé faire, & n'auroit point voulu s'abaiſſer juſqu'à faire retirer par ce M. *Deſſentelles* la Lettre par laquelle il avoit ordonné que les Comédiens jugeaſſent ; & ſi les autres Gentilshommes de la Chambre avoient ou lu, ou entendu les Mémoires de *St. Val*, celui de la *Veſtris* ne leur auroit point paru ſi victorieux. Comme

il court dans le monde, je vais vous le copier. Je
pense bien qu'il n'est pas d'elle; mais il lui ressem-
ble , on y retrouve sa vanité & sa confiance :
quoiqu'on y ait répondu, je pourrai en interrompre
quelquefois le cours.

MÉMOIRE en réponse à Mademoiselle St. Val, *par Mademoiselle* Vestris.

» Je n'employerai point de longs discours pour ré-
» pondre au Mémoire de Mademoiselle *St. Val.* Ce
» n'est pas par des raisonnemens qu'on établit un
» droit, c'est par des titres , & les miens sont con-
» signés dans le Registre de la Comédie. C'est dans
». cette source seule, qui est commune à Mademoi-
» selle *St. Val* & à moi, que nous pouvons, toutes
» deux, puiser nos Moyens.

Cette source n'étoit pas commune ; car Mademoiselle
St. Val *n'a vu qu'hier,* 17 *Mai , la liste faite en* 1776 ,
à la retraite de la Demoiselle Dumesnil.

» Il n'y a que Mademoiselle *St. Val* qui sçache
» qu'elle a été reçue en partage d'emploi avec la
» Demoiselle *Dubois* ; car elle n'a été reçue qu'en
» double de la Demoiselle *Dumesnil.*

La Vestris *bat la campagne sur ce que* St. Val *n'a
joué* Zénobie, Ariane, *qu'après la Demoiselle* Dubois,
& passe ensuite à une Lettre de la Demoiselle Dumesnil *au Maréchal de Richelieu , qui lui avoit demandé son avis sur les Rôles réclamés par la Demoiselle* St. Val.

» Ils sont, sans contredit, attachés à l'emploi des
» premiers Rôles , comme *Hermione , Inès , Mo-*
» *nime* ; il est vrai que j'ai joué ces Rôles, quoique
» chargée des Reines.

Jamais la Demoiselle Dumesnil *n'a joué* Inès.

» Mais j'étois reçue pour les deux emplois , & je

» crois que cela ne peut, ni ne doit exciter aujour-
» d'hui, ni contestation, ni privilége.

La pauvre Dumesnil *avoit été sollicitée par la* Vestris *; car on sent que cette Lettre n'est pas franche, elle
escobarde, & la vérité lui échappe malgré elle. Les Rôles
demandés par* St. Val *sont, sans contredit, attachés
à l'emploi des premiers Rôles. Pourquoi donc* St. Val
*ne joue-t-elle pas des premiers Rôles ? J'ai l'ordre de
réception de la Demoiselle* Dumesnil, *& vous verrez
sa mauvaise foi ; mais* St. Val *la remplace, c'est un
regret, un tort. Mademoiselle* Clairon, *par une raison
contraïre, soutiendroit la* Vestris, *qui croit remplir son
emploi, & qui le massacre ; c'est une raison.*

» Nous, Duc de Rochechouart, Pair de France,
» Gentilhomme de la Chambre du Roi, &c. de
» l'agrément & sous le bon plaisir du Roi, avons
» reçu la Demoiselle *Dumesnil* dans la Troupe des
» Comédiens de Sa Majesté, pour jouer *en second*
» tous les Rôles de Reines que la Demoiselle *Ba-*
» *licourt* y joue en premiere, & généralement
» tous ceux dont la Demoiselle *Balicourt* est
» en possession aujourd'hui, y ajoutant les Rôles de
» Soubrettes en troisiéme, qui sont remplis actuel-
» lement par les Dlles. *Quinaut* & *Dangeville*. 1737.

*A cette époque, il y avoit au Théâtre François quatre
Tragédiennes ; la* Balicourt *n'étoit pas sûrement au
rang des* Duclos, *des* Lecouvreur, *des de* Seine *&*
Gaussin. *La Demoiselle* Dumesnil *annonçoit avoir le
plus grand talent ; cependant elle n'est reçue qu'en double, tant l'ordre du Tableau étoit respecté, malgré le
mérite. Vous voyez que l'intrigue vaut mieux aujour-
d'hui ; la Demoiselle* Dumesnil *n'a donc tout joué que
parce qu'elle étoit devenüe la premiere ; elle n'a donc cessé de
tout jouer qu'en vieillissant ; mais* St. Val *est jeune : reçue
pour jouer les Reines, elle devroit au moins jouer le
jeune emploi des Reines,* Didon, Ariane, Hermione ;

il falloit que Mademoiſelle Dumeſnil eût l'honnêteté de faire cette diſtinction , & je ne l'aurois pas crue capable d'un pareïlle manege. Elle a donc fait un men-ſonge en diſant qu'elle étoit reçue pour les deux emplois ; ou ſi la Balicourt les jouoit , ce n'étoit que comme double des premieres Actrices. Par-tout on voit l'ordre du Tableau ſuivi.

» J'ai débuté dans l'emploi de Mademoiſelle *Du-*
» bois par le Rôle d'*Hermione* : Mademoiſelle *St.*
» *Val* l'ignoroit ſi peu, que, quand je jouai aux Menus
» *Hermione* , Mademoiſelle *St. Val* joua *Androma-*
» *que* , & elle ne ſongea point à réclamer les Rôles
» que je jouai.

Les débuts ne font pas loi ; on prend les Rôles que l'on veut : la Veſtris *n'a point réclamé* Didon *que la* Raucourt *a joué.*

» Quand Mademoiſelle *St. Val* , en 1776 ,
» s'aviſa de former les prétentions qu'elle ſou-
» tient aujourd'hui , toute la Comédie aſſemblée
» fut d'avis , à l'exception d'une ſeule voix , que
» je devois jouer en chef l'emploi de Made-
» moiſelle *Clairon* , dont j'étois en poſſeſſion de-
» puis huit ans. Voilà une déciſion qui doit faire
» loi contre Mademoiſelle *St. Val* & moi ; elle eſt
» du 29 Juillet 1776.

St. Val *n'aviſa point : la retraite de Mademoiſelle* Dumeſnil *l'autoriſoit, non à des prétentions , mais à une demande toute ſimple. La Comedie accorde , dit la* Veſtris, *l'emploi de Mademoiſelle* Clairon, *qui n'a ja-mais joué , ni* Zénobie, *ni* Hermione : *je ſuis fâchée de ne pas connoître la ſeule voix de l'honnête perſonne qui ne ſigna point la liſte ; mais je connois aſſez la Tragédie pour ſçavoir que* Didon, Ariane, Roxane *,* Hermione *, ont toujours été & ſeront toujours de l'emploi des jeunes Reines , quoique je les aye vu jouer par Mademoiſelle* Dumeſnil *deja vieille.*

D

» Enfin , ce qui donne à ce titre l'authenticité la
» plus grande , c'eſt que l'année derniere l'on a fait
» un Répertoire général des Rôles de la Comédie ;
» ce travail a duré ſix mois , & il a été fait ſous
» les yeux d'un Supérieur : or , par ce Répertoire,
» auquel la délibération de 1776 a ſervi de baſe ,
» tous les Rôles réclamés par Mademoiſelle *St. Val*
» font partie de mon emploi. Quand ce Répertoire
» a été fini , il a été lu & examiné en pleine Aſ-
» ſemblée ; & ce n'eſt qu'après que toute la Co-
» médie a déclaré qu'elle le trouvoit bien & juſte ,
» que le Supérieur y a mis le ſceau de ſon autorité.

Cette liſte n'a pas été communiquée à St. Val *, &*
les Comédiens ont fait alors , & non pas aujourd'hui , ce
qu'ils ne pouvoient pas faire. Le Supérieur a ſigné une
choſe injuſte ; mais elle plaiſoit à la Veſtris *, il n'y a*
pas regardé : il y fait bien plus d'attention à préſent
par la raiſon contraire. Mais , quoi donc ! ſi cette be-
ſogne avoit été trouvée bien , trouvée juſte , ordonner
d'examiner de nouveau ? C'eſt qu'il ſçavoit bien que ce
travail n'étoit fait que pour infirmer l'ordre de réception
de St. Val *cadette , qui , reçue pour les Roles de* Gauſſin *,*
enlevoit à la Veſtris *une partie de ſes prétentions. On*
croyoit qu'elle étoit parvenue à faire changer cet ordre
en lui voyant jouer Inès , Chimene , Palmire *; mais*
elle avoit trouvé un moyen plus ſimple ; c'eſt l'autorité
des Comédiens , qu'elle ſçait connoître & méconnoître ,
qui le lui fournit. Ils ont fait une liſte de Princeſſes &
Amoureuſes *, toujours* St. Val *cadette en doublé ; ce*
qui étoit juſte , parce qu'il n'y a point d'emploi réel ,
& que les premiers Rôles ſont au premier , les ſeconds
aux ſeconds , &c. Que devient cependant l'ordre des
Gentilshommes de la Chambre ? Rien : il ne ſert que
d'époque de réception pour St. Val *cadette ; mais il eſt*
une ruine pour St. Val *l'aînée , qui ne doit jouer que*
les vieille Reines.

» Croiroit-on que c'eſt d'après une déciſion auſſi
» formelle que celle de 1776 ; déciſion d'après
» laquelle on a rempli le Répertoire général ; Ré-
» pertoire approuvé, adopté par toute la Comédie,
» & confirmé par la ſignature du Supérieur, que
» Mademoiſelle *St. Val* veuille aujourd'hui pro-
» poſer de détruire tout ce qui a été décidé.

*Elle ne propoſe pas de détruire une liſte de deux
cens Rôles ; elle demande qu'il en ſoit ôté huit qui lui
appartiennent, & par ſon ancienneté, par ſon emploi,
par ſon talent, & les Comédiens en conviennent ; il
leur eſt bien permis, je crois, d'avouer qu'ils ne ſe ſont
pas crus infaillibles.*

» Mademoiſelle *St. Val* s'eſt élevée à l'Aſſemblée
» contre la maxime fauſſe & dangereuſe que celui
» qui a fait la loi peut la détruire.

*Il étoit queſtion des Réglemens anciens que l'Ordon-
nance de 1725 défend de changer ; elle reclamoit auſſi,
parlant au Superieur, en préſence d'un Avocat, les
ordres qu'il avoit donnés lui - même pour qu'elle eût
Ariane & Zénobie, & qu'il avoit depuis donné à la
Veſtris : cet Avocat répondit que celui qui avoit fait
la loi, pouvoit la détruire ; St. Val ſe permit d'im-
prouver cet eſpece d'adage. Ici la Veſtris convient que
St. Val à raiſon.* Elle ajoute :

» La Loi *ſacrée* de la propriété ne doit pas être
» arbitraire ; & quand les Comédiens, par une dé-
» libération en bonne forme, ont décidé qu'un tel
» droit doit m'appartenir, il ne dépend plus d'eux
» de m'en dépouiller pour le faire paſſer à Made-
» moiſelle *St. Val* ; ſans quoi, il faudroit dire qu'ils
» peuvent demain l'en priver pour me le rendre.
» On ſent de quelle *conſéquence* il feroit qu'un pareil
» abus pût s'introduire : ce qui a été jugé légale-
» ment appartenir à mon emploi, n'en peut être
» diſtrait ; ce qui eſt légal, chez nous, c'eſt-à-dire,

» ce qui fait loi , c'eſt une déciſion de la Société
» aſſemblée , & confirmée par les Supérieurs.

*Ce morceau pathétique a ſervi de regle au Supérieur.
La Loi ſacrée des Comédiens l'a fait frémir ; les con-
ſéquences d'un abus l'ont inquiété. Ce qui eſt légal ,
c'eſt-à-dire, ce qui fait loi, lui a paru péremptoire ,
& la confirmation de ſa ſignature avec les Comédiens ,
le ſceau de réprobation pour St. Val ; droits, talens ,
déliberation des Comédiens , chimeres qui doivent s'a-
néantir aux accens enroués de la Veſtris qui crie au
meurtre, quand c'eſt St. Val qu'on égorge.*

» Voilà préciſément le cas où nous ſommes. Ma-
» demoiſelle *St. Val* a été reçue pour l'emploi des
» Reines : je l'ai été pour celui des *grandes Princeſſes* ;
» j'en ai joui pendant dix ans. La diſtribution des
» deux emplois a été faite en 1776, elle l'a recon-
» nue par le Répertoire de 1778, & confirmée par
» les *Supérieurs* ; c'eſt donc une loi qu'il n'eſt plus
» permis d'anéantir. Les Comédiens qui ont fait la loi,
» peuvent la confirmer, mais non pas la détruire.

*Il n'eſt pas vrai que St. Val ait reconnu ce Réper-
toire, en 1778 ; car on ne le lui a pas communiqué. Elle
ne propoſe point d'anéantir la liſte de la Veſtris ; elle
demande ſeulement des modifications. La Veſtris a lâché
le grand mot du ſecret ; on ordonnoit aux Comédiens
de déliberer pour confirmer, & ils ont cru que c'étoit pour
modifier, vu les droits de St. Val, qui, tant qu'elle n'a-
voit point réclamé légalement, étoit jugée indifférente ,
mais qui, dès qu'elle reclame, eſt compétente, ſur-tout
ne demandant que huit Rôles, mais du moins à ſon
choix.*

» Elle donne pour prétexte à ſa réclamation, que
» ſon emploi eſt moins fort que le mien, & qu'elle
» n'a que vingt-deux Rôles à jouer, & que j'en
» ai plus de cent. Cette objection ſe réfute en deux
» mots.

St. Val *ne convient point que l'emploi de la* Veſtris *ſoit plus fort que le ſien ; au contraire , l'emploi des Reines eſt terrible : mais elle dit qu'il eſt trop étendu ; que celle qui joue la jeune* Palmire *ne doit pas jouer* Didon ; *que celle qui a l'emploi des Princeſſes doit jouer* Atalide *dans* Bajazet, *& non pas* Roxane. *Ce qu'il y a de plaiſant, c'eſt que ces deux Rôles, dans la même Piéce, ſont ſur la liſte de la* Veſtris.

» Premiérement, Mademoiſelle *St. Val*, ſuivant le
» Répertoire en a vingt - cinq , qui , à l'exception
» de deux , ſe jouent habituellement. J'en ai cin-
» quante-ſept ; mais il y en a au moins le tiers dans
» des Piéces qu'on ne joue jamais ; un autre tiers
» que je *laiſſe* toujours jouer a Mademoiſelle *St.*
» *Val cadette.* On devine bien que ce ne ſont pas
» ces derniers-là que Mademoiſelle *St. Val l'ainée*
» voudroit jouer ; mais c'eſt le plus beau & le plus
» brillant de mon emploi qu'elle voudroit m'enlever.
» Dans le vrai, ſon emploi & le mien, tel que je
» le joue, ſont, à très-peu de *choſes* près, la même
» *choſe* pour le nombre des Rôles.

Ce petit couplet eſt rempli d'aſtuce & de menſonge. St. Val a 25 Rôles, dont deux qu'on ne joue pas. Comptez ci-deſſous, s'il vous plait, ceux qui ne ſont point au courant (a). *Ne comptez pas des petits Rôles comme la Reine dans* Inès , *dans* Nicodeme , *dans* Electre , *dans* Guſtave, Sabine, Léontine, *& vous verrez que l'emploi de* St. Val *ſe réduit à dix Rôles, au grand regret des perſonnes qui aiment la belle Tragédie.*

» Secondement , M. *Briſard*, quoique plus an-
» cien, auroit *bonne grace* à prétendre une partie
» de l'emploi de *Molé*, en lui diſant : vous avez
» plus de Rôles que moi ; ſes prétentions ſeroient
» auſſi ridicules que celle de prendre une partie de

(a) Les *Machabées, Amaſis, Caliſte, Olympie, Pénélope,* les *Troyennes, Clitemneſtre,* dans l'*Oreſte* de Voltaire.

» terrein de son voisin, sous prétexte qu'il est plus
» étendu que le nôtre.

Ce n'est point parce que la Vestris *a plus de Rôles
que* St. Val, *que l'on en demande huit, ç'est parce que
ces huit appartiennent à* St. Val, *comme ancienne. Je
ne suis pas fâchée de l'apostrophe à* Brisard. *Les traîtres
sont punis par les instigateurs, & il n'est pas sans exemple de voir ces derniers les trahir à leur tour. Ce* Brisard
est bien récompensé d'avoir voté pour la Vestris, *&
d'avoir refusé d'aller aux Assemblées pour* St. Val.

» Mademoiselle *St. Val* & moi, nous avons cha-
» cun notre terrein ; c'est la Comédie qui en a fixé
» les limites ; nos Supérieurs qui l'ont assuré : voilà
» mes titres. Je jouis d'une possession de dix ans :
» en voilà assez, je crois, pour établir, *en ma fa-*
» *veur*, un droit incontestable ; je m'en rapporte à
» ce que diront mes Juges ».

Il n'en falloit pas tant, ma chere Cousine, pour
des Juges prévenus par un Protecteur. La Comédie
ne peut pas fixer de limités aux talens : cela seroit
contraire à ses intérêts ; & les Comédiens, qui haï-
roient un de leurs Camarades, pourroient donc l'em-
pêcher d'exercer son emploi ? Ils sont soumis au
genre, à l'ordre du Tableau : ils ne peuvent & ne
doivent y rien changer, sans risquer de tout confondre parmi eux, & de voir ce que *St. Val* a dit
dans son discours ; le plus méchant, le plus adroit
cabaleroit, &c. & auroit tout.

Malgré mes réflexions, je vous transcrirai encore
celle d'un autre, qui pense que *St. Val l'aînée* seroit
en droit de présenter une Requête au Conseil, où
ressortissent, par l'Autorité du Roi, toutes les affaires
des Comédiens. Le Public alors seroit instruit des
nombreuses injustices qui se commettent dans l'intérieur de la Comédie, qu'il paye si cher, & que
l'intrigue rend si médiocre.

Comment la *Veſtris* avoue qu'elle n'a ſur la liſte que 57 Rôles, & *St. Val* n'en peut jouer que vingt ! Que deviennent donc les deux cens dix-huit Tragédies bien connues, dont cette *Veſtris* diſpoſe ? Elle ſe moque donc du Public ! dans ces mêmes Rôles qu'elle arrache à *St. Val*, il y en a qu'elle ne joue jamais : pourquoi les garde-t-elle ? Ce n'eſt pas qu'ils lui appartiennent ; mais c'eſt que, fatiguée de voir le Spectacle rempli, quand on donne des Piéces où l'on ſçait que *St. Val l'ainée* joue, elle ne veut pas lui donner de nouvelles occaſions de plaire & d'intéreſſer. Mais il lui reſte encore une reſſource contre *St. Val*, quand elle jouera ſes Rôles : elle a tant d'eſpeces à ſes ordres, de ces gens à mouchoirs, à ricanemens, qui n'applaudiſſent qu'elle, & les mauvaiſes choſes ! Peut-on être inquiete, quand on a toutes les Puiſſances pour ſoi !

DERNIER MÉMOIRE.

Si Mademoiſelle *St. Val* a fait de longs diſcours, c'eſt qu'elle avoit abondance de plaintes, de demandes & de moyens ; elle ne s'eſt pas tout permis ; elle n'a pas tout fait valoir ; elle n'a pas tout employé. Il eſt très-facile d'être court, quand on a rien à dire : le menſonge même ne fournit pas beaucoup. Si les titres de la Demoiſelle *Veſtris* ſont conſignés dans les Regiſtres de la Comédie, ceux de Mademoiſelle *St. Val* y ſont auſſi ; avec cette différence que c'eſt par un procédé inconnu au Théatre, juſqu'à la Demoiſelle *Veſtris*, que l'on a fait une liſte de Rôles, & que la délibération de Mademoiſelle *St. Val* a été ordonnée, & ce n'eſt que le rétabliſſement d'une loi en vigueur depuis 118 ans, interrompu ſeulement depuis trois ; car, il en faut convenir, Mademoiſelle *St. Val* n'eſt réellement fondée à réclamer ſon droit d'ancienneté que depuis la retraite de Mademoiselle *Dumefnil*, comme le Sr. *Molé*, qui a tout laiffé jouer au Sr. *la Rive*, tant qu'il a été le double de *le Kain* & de *Belcourt* , & qui a tout repris, pour choifir depuis la mort de ces deux Acteurs ; parce qu'enfin l'ordre du Tableau a force de loi, & que celui de *réception* ne prouve que l'époque de la *réception* , & combien il eft défendu au dernier reçu d'anticiper fur les droits de fon ancien.

Il n'eft que trop vrai que Mademoiselle *St. Val* n'a été reçue qu'à demie-part, en 1767, & que, faute de protection, elle y eft reftée dix ans, quand la Demoifelle *Veftris* jouiffoit d'une part entiere, & qu'on lui donnoit, aux dépens des Menus, des habits, & des gratifications, fur les fommes que le Roi donne à répartir chaque année aux Comédiens. Mademoifelle *St. Val* n'a jamais eu part à ces graces, & elle n'a jamais eu l'honneur de faire le fervice à Fontainebleau , à Verfailles. La Demoifelle *Veftris*, par une fuite de fes avantages particuliers, s'eft fait donner d'abord , par la Cour , enfuite à la Ville , ce qu'elle appelle les Rôles de *premieres Princeffes* : cette épitaphe de *premiere*, apprend que Mademoifelle *St. Val cadette* devroit avoir les fecondes en chef; cependant la Demoifelle *Veftris* a tout.

Il eft faux que la Comédie ait décidé que *Zénobie*, *Ariane*, *Roxane*, fuffent de l'emploi de Mademoifelle *Dubois*, mais feulement que Mademoifelle *St. Val* ne pouvoit les jouer qu'après elle , malgré les Lettres du Supérieur qui jugeoit autrement , & parce qu'il n'y a jamais eu de diftinction entre Reine & Princeffe, que l'âge, & premiers & feconds Rôles, que l'ancienneté.

Dans l'hypothefe de Mademoifelle *Veftris* , Mademoifelle *St. Val* ne doit jouer que les Reines.

Pourquoi donc a-t-on mis dans son emploi *Cornélie*, *Léontine*, *Sabine* ? C'est que tout ce qui est *Femmes* ou *Meres*, ou *Femmes délaissées*, est de l'emploi des Reines.

La Lettre de Mademoiselle *Dumesnil* prouve qu'elle jouoit tout, Reines ou Princesses. Mademoiselle *St. Val*, reçue pour la doubler, devroit donc tout jouer. Le titre *de double* n'emporte aucune entrave, quand on est devenue la premiere.

Molé reçu en cinquiéme, pour les Amoureux (*a*), joue actuellement *Néron*, *Nicoméde*, que jouoit *Lanoüe*, *Grandval*, *le Kain* ; *le Glorieux*, le *Misantrope*, *l'Homme à bonne fortune*, que jouoit *Dufresne*, *Grandval*, *Belcourt*. La Demoiselle *Vestris* peut avoir débuté dans *Hermione* aux Menus ; Mademoiselle Drouin a débuté dans la Tragédie du *Cid*.

La décision des Comédiens pour Mademoiselle *Vestris* n'a point été ordonnée par le Supérieur comme celle de Mademoiselle *St. Val* ; & si l'on a été six mois à la faire, cela prouve qu'on n'y entendoit rien ; qu'on n'étoit pas d'accord ; que quelques remords gênoient, & qu'il a fallu tout *le travail* de Mademoiselle *Vestris* pour parvenir à son usurpation ; au contraire les demandes de Mademoiselle *St. Val* ont été jugées en trois jours, tant la vérité & l'honnêteté applanissent de difficultés.

La décision de 1776 n'en est point une ; c'est une liste de Rôles, signée sans examen, à l'instigation de la *Vestris* qui offroit, en retour, la protection de son Protecteur. Elle sentoit que la retraite de la Demoiselle *Dumesnil* remettroit Mademoiselle *St. Val* à sa vraie place ; elle souffroit assez de voir ses talens, elle vouloit lui ôter des moyens de succès. Quand cette liste de Ma-

______

(*a*) Grandval, le Kain, Belcourt, Lanoüe.

demoifelle *Veftris* feroit faite de bonne foi par les Comédiens, font-ils infaillibes ? N'ont-ils pu fe tromper ? Et n'eft-il pas permis à ceux d'aujourd'hui, qui n'y étoient pas, de rappeller de cet école ? Quoi ! ces Comédiens diront que *Didon*, Reine de Carthage, n'eft pas une Reine ! qu'*Idamé* eft une Princeffe ; & ceux-ci ne pourront pas dire que l'une eft *Reine*, l'autre eft *Mere* ; qu'*Ariane*, *Hermione*, *Roxane*, *Didon* ne font point des Amoureufes, mais des *Femmes délaiffées*, & qu'enfin, de tel genre que foient ces Rôles, Mademoifelle *St. Val*, comme ancienne, quoique la plus jeune, a le droit de les réclamer, quand le Supérieur leur en donne l'exemple ! & les mêmes Comédiens qui avoient figné, ou par étourderie, ou par foibleffe, ou par méchanceté, vingt-trois perfonnes ont reconnu le droit de Mademoifelle *St. Val*, les quatre, qui fe font féparées, ne prouvent rien : car les Réglemens ordonnent qu'où la pluralité des voix aura lieu, ceux qui auront été contraires feront obligés de figner. Si le Supérieur eût regardé l'arrangement de l'année derniere, comme un jugement immutable, auroit-il ordonné aux Comédiens de juger encore une fois ? Il n'avoit pas befoin que l'on ratifiât fon ouvrage, fi c'étoit le fien : il n'avoit pas befoin de faire confirmer fon jugement, s'il étoit bon ; il a donc voulu que l'on fît droit fur les demandes de Mademoifelle *St. Val*, parce que c'étoit l'ouvrage des Comédiens mal inftruits, & qu'il n'y avoit pas de jugement, parce qu'il fçavoit qu'il y avoit abus dans la répartition des Rôles ; parce qu'il fçavoit que *le Public regrettoit* de ne pas voir affez fouvent Mademoifelle *St. Val* ; parce qu'il peut fçavoir que les Piéces où Mademoifelle *St. Val* joue, attirent plus de monde que les autres, & que le grand mobile d'une Société eft fon plus grand intérêt. Les Comédiens , fur ce vrai principe , pourroient , non pas demain , mais dans huit ans , forcer la Demoifelle *Veftris* , fi elle en avoit le talent, à jouer *Mérope*, *Sémiramis* , *Clitemneftre* , &c. fans qu'elle puiffe en murmurer, fans qu'elle en ait le droit, parce qu'en vieilliffant , il faudra quitter les *Princeffes* & les *Amoureufes*, comme Mademoifelle *Dumefnil* , & fe mettre aux *Femmes délaiffées* ; & que ce qui fait loi, comme dit très-bien la Demoifelle *Veftris* , c'eft *une décifion de la Société affemblée* , & non pas une lifte des Rôles où tous les emplois font confondus. Il eft vrai que la Demoifelle *Veftris* ajoute : & *confirmé par les Supérieurs.* Mais les Supérieurs , protecteurs des Comédiens , fous l'autorité du Roi , à la Ville , Ordonnateurs de leurs jeux à la Cour, leur ôteront-ils les moyens de gagner de l'argent , de plaire au Public , en donnant des Piéces que l'on joue rarement , & l'Actrice qu'ils fçavent bien-être au deffus de l'autre ?

Mademoifelle *Veftris* dit que Mademoifelle *Duranci* a été reçue *en double* de Mademoifelle *Dubois* pour les Rôles de premieres Princeffes ; & quand elle parle d'elle-même , c'eft par les *Rôles de grandes Princeffes.* On fent que c'eft pour fe rapprocher des *Reines* ; mais on ne trompe que fes partifans avec des mots , & non pas des Juges , s'ils font éclairés & équitables.

La Demoifelle *Veftris* dit que les Comédiens ne peuvent détruire ce qu'ils ont fait ; on lui connoît des principes différens ; mais c'eft une folie de mettre tant d'importance à des fignaturs extorquées pour détruire une délibération réfléchie, motivée, fignée par 23 perfonnes qui ne font pas toutes des imbécilles. Si la Demoifelle *Veftris* n'a que 57 Rôles, Mademoifelle *St. Val* s'eft trompée de 46 ; mais, comme il y a 218 Tragédies , dont la Demoifelle

Veſtris diſpoſe , & que Mademoiſelle *St. Val* n'en a que 22, dans leſquels il ne ſe trouve que huit grands Rôles , elle ne ſçait pas à qui le ſurplus appartient. La Demoiſelle *Veſtris* dit qu'elle *laiſſe* joue un tiers de ſes Rôles à Mademoiſelle *St. Val cadette.* Par quel haſard Mademoiſelle *St. Val cadette,* reçue pour l'emploi de *Gauſſin ,* ne joue-t-elle que ce que la Demoiſelle *Veſtris* lui LAISSE jouer ? C'eſt que , malgré l'ordre de réception , la Demoiſelle *Veſtris* fait valoir ſon droit d'ancienneté ſur Mademoiſelle *St. Val cadette ,* en même temps qu'elle refuſe de reconnoître celui de Mademoiſelle *St. Val l'aînée.*

On devinera mal , ſi l'on devine que Mademoiſelle *St. Val l'aînée ,* ne demande pas des Rôles de ceux que la Demoiſelle *Veſtris* LAISSE à Mademoiſelle *St. Val cadette ,* puiſque *Zénobie* & *Idamé* ſont des *huit* demandés , & Mademoiſelle *St. Val cadette* les a joués au mois de Mars dernier , avec les plus grands applaudiſſemens. Si la Demoiſelle *Veſtris* reprend ſes Rôles , elle jouera après Mademoiſelle *St. Val cadette.* Pourquoi ne veut-elle pas les jouer après Mademoiſelle *St. Val l'aînée ,* qui lui LAISSERA auſſi jouer le tiers des ſiens ? C'eſt une grande fauſſeté de dire que l'emploi de la Demoiſelle *Veſtris ,* & celui de Mademoiſelle *St. Val ſont à peu-près la même choſe ,* pour le nombre ; heureuſement on peut compter (*a*) ! Un reproche plus grave , ſeroit de choiſir exprès le plus beau , le plus brillant de l'emploi de la Demoiſelle *Veſtris ;* mais pourquoi ne l'exerce-t-elle pas ? On ne lui voit point jouer *Ariane , Didon :* Mademoiſelle *St. Val cadette* joue *Monime , Idamé , Zénobie ;* la Demoiſelle *Veſtris* oublie les Rôles brillans qu'elle poſſéde , pour courir après ceux qu'elle ne doit pas garder.

(*a*) Les Liſtes ſont à la fin.

La Demoiselle *Veſtris* n'eſt pas plus heureuſe en comparaiſon que ſon frere : Mademoiſelle *St. Val* ne demande pas des Rôles, parce que la Demoiſelle *Veſtris* a *un terrein plus étendu que le ſien*; elle demande, parce qu'on lui reproche de ne pas travailler, & que la Demoiſelle *Veſtris* ne doit & ne peut pas tout faire ; que la Société en ſouffre. Mademoiſelle *St. Val*, la cadette, huit jours avant la clôture, a été obligée d'apprendre dans une nuit, le Rôle de *Melpomene* (*a*): il eſt vrai que ce n'eſt pas grand-chôſe ; mais *Irene*, pour la Cour, le Jeudi ſuivant, & *Idamé*, pour le Samedi. Le Sr. *Briſard* n'auroit pas *mauvaiſe grace* à demander des Rôles de l'emploi du Sr. *Molé*, ſi, comme l'ancien, il étoit auſſi le plus jeune ; mais il pourroit très-bien jouer *Mahomet* avant le Sr. *la Rive*, & il n'auroit pas *mauvaiſe grace*, quoique la Demoiſelle *Veſtris* l'aſſure, ſi *le Kain* eût vécu : il comptoit jouer, cette année même, à Fontainebleau, *Mithridate* & *Auguſte*. Certainement perſonne ne s'y feroit oppoſé, parce qu'il étoit le plus ancien. Les Comédiens ſuivent l'ordre du Tableau, & ne jugent point l'Acteur ; c'eſt le Public. Le droit d'ancienneté eſt indélébile. Telle erreur que les Comédiens aient pu faire ſur le partage des Rôles, elle ne détruit point cet ordre. Il eſt poſſible que l'on ait fait un Répertoire général, l'année derniere : Mademoiſelle *St. Val* ne l'a pas vu ; elle croyoit qu'il n'intéreſſoit que le Sr. *Molé*, qui ne pouvant, comme la Demoiſelle *Veſtris*, garder trois emplois, a voulu faire des partages ; mais, au moins, il a choiſi : pourquoi Mademoiſelle *St. Val* ne jouit-elle pas du même honneur ?

Je ne crois pas, ma chere Couſine, que ce der-

(*a*) Dans les Muſes Rivales.

nier Mémoire foit complet , je n'en ai trouvé que des morceaux chez ma Tante ; mais il étoit ab-folument inutile. *St. Val* avoit dit , dans fes deux Difcours, tout ce qu'il étoit poffible de dire d'honnête & de raifonnable ; il ne lui a manqué que des lecteurs. Les Comédiens , accoutummés à écouter , à ententendre , fe font rendus à fes raifons ; on vous dira que c'eft à fes cabales ; n'en croyez rien. Le caractere de *St. Val* réfifte à tout ce qui eft intrigue , foupleffe , même aux follicitations. Fiere , malgré fon état ; modefte, malgré fon talent , elle ne veut ni *Protecteurs*, ni *Prôneurs* ; cela s'appelle ne vouloir point d'amis, n'en point avoir. Vous l'avez vue à Touloufe , cette interreffante Créature ; vous connoiffez fa famille, vous fçavez fi fa naiffance & fon mérite perfonnel méritent l'abaiffement où l'on veut la tenir! Chez-vous on couronnoit fes talens; ici on les enterre , pour fervir une poupée à reffort.

Tous les Mémoires avoient été donnés avant le jour de l'Affemblée des Gentilshommes de la Chambre; ils avoient eu tout le temps de les lire. Que penfez-vous de ce qui s'en eft fuivi? Je ne crois pas que vous le deviniez; il faut avoir les lumieres des Habitans de Paris. La *Veftris* a été confirmée dans toutes fes prétentions , je n'en fçais d'autre motif, que le grands mot de *Préville* : POSSESSION FAIT LOI. Ainfi , ma chere Coufine, fi quelques vaffaux de vos terres font figner à quelques PUISSANS de votre Village, importans, étourdis, ou imbécilles, que telle commune leur appartient, vous la reclamerez vainement l'année d'après.

Il faut cependant que je vous dife une vérité : n'en parlez à perfonne , car elle eft ridicule pour les Intéreffés.

La *Veftris*, piquée de s'être trompée fur l'eftime de fes Camarades, a fait retentir des cris aux oreilles

[63]

de fon Protecteur, & l'a convaincu que c'étoit à
lui que l'on manquoit, puifqu'il avoit ajouté fa fignature à celle des Comédiens. Il auroit pu lui répondre : » mais puifqu'ils conviennent qu'ils fe font
» trompés, je dois par bonté & par juftice les aider
» à rendre un jugement plus fein, plus analogue à
» la connoiffance du Théatre : une lifte fignée ne
» vaut pas des avis motivés.

Mais le mot *compromis*, a effrayé fa délicateffe ;
l'habitude de croire lui a fervi de conviction : il a
perfuadé fes Collegues, qui n'ont pas balancé entre
le bon fens des Comédiens & fa foibleffe. L'identité, (paffez-moi ce grand mot), l'identité, dis-je,
de la Protégée & du Protecteur a donc été reconnue
authentiquement. Un Intendant des Menus a lu le
Diplôme à l'Affemblée des Comédiens, qui, tous
étonnés & confus, ont dit qu'ils avoient donné leur
avis, parce qu'on le leur avoit demandé. Cette belle
décifion a été fuivie d'un coup de Théatre de la
Veftris. » A préfent, a-t-elle dit, qu'on m'a rendu
» juftice, je veux bien donner huit de mes Roles ».
St. Val, dans fon indignation a refufé, & les Comédiens, qui femblent defirer que *St. Val* foit employée, ont dit que la Comédie les accepteroit, &
les offriroit. Je crois bien que tout cela étoit arrangé.

Le lendemain, la *Veftris* a mis fur le Bureau une
lifte de *huit Rôles*, que les Comédiens de fes amis
ont d'abord fignée ; quelques-uns après, fans lire,
& que d'autres ont refufé, parce qu'ils ont vu qu'à
la place des Rôles demandés par *St. Val*, on en avoit
fubftitué d'autres. Il falloit *Viriate*, *Emilie*, *Ariane*,
Didon, *Zénobie*, *Roxane*, *Hermione*, *Idamé* ; & la
Veftris donnoit *Bérénice*, *Valérie*, (a) *Zénobie*,
Emilie, *Ino*, *Pauline* dans *Polieucte*.

(a) Dans Manlius, *Junie* ; dans Scévole, *Monime.*

Les amis de la *Veſtris* ſe ſont pâmés d'admiration
du grand effort qu'elle a fait. Ils vont diſant dans le
monde, que c'eſt une perſonne d'une grande géné-
roiſité ; mais les gens de ſang froid ne l'en mépriſent
qu'un peu plus. Quelle généroſité ! *huit Rôles* ſur
cent dix-huit qui ne lui appartiennent pas, & qu'elle
ne devroit jouer qu'en double ! Lorſque *St. Val* a
réclamé, pourquoi la *Veſtris* n'a-t-elle pas offert quelques Rôles ? Le Supérieur l'eſpéroit, le deſiroit ; il
en avoit parlé à *Molé*, à *Préville*, à *Monvel*, pour
traiter à l'amiable. La *Veſtris* n'a voulu rien entendre ;
c'eſt bien elle qui a compromis ſon Protecteur, &
c'eſt *St. Val* qu'on en accuſe !

Il faut que cette *Veſtris* ait pris un ſingulier aſ-
cendant ſur lui, s'il ne la chaſſe déſormais de ſa
préſence, après l'avoir forcé par ſon obſtination, à
donner par écrit des ordres pour juger, fait retirer ces mêmes ordres, dire que les Comédiens n'ont
pas le droit de juger, & cependant que leur jugement eſt une LOI SACRÉE. Pour vous prouver comment elle ſe joue des *Supérieurs* (comme diſent les
Comédiens), elle donne le Rôle d'*Ino*, & *St. Val* a,
par écrit, l'ordre de jouer *Thémiſtée*, dans la même
Piece : à qui obéira-t-elle ? Je ne doute pas qu'on ne l'o-
blige à ſe ſoumettre aux volontés de la *Veſtris*, qui,
après avoir dit qu'elle ne vouloit point de *Thémiſtée*,
parce qu'elle ne jouoit point de Reine, prendra le Rôle
par bonté, afin que *St. Val* n'ait point de répri-
mande. Mais vous vous ſouvenez de ce que je vous
ai dit de ces deux Rôles : *St. Val* écraſa l'Eſclave ;
devenue l'Eſclave, elle écraſera la *Veſtrs*. On ne joue
plus *Bérénice* ; on ne joue plus *Scévole* : que fera-t-on
de *Manlius*, ſans *le Kain* ? A quoi bon donner ces
trois Rôles ? C'eſt une mauvaiſe plaiſanterie de la
Veſtris que l'on s'efforce de regarder comme un
SACRIFICE pour la faire valoir. Mais en voici une
IMPERTINENCE

IMPERTINENCE, *St. Val* joue *Pauline* dans *Polieucte*, depuis dix ans ; la *Veſtris* n'a jamais tenté de la repréſenter. Si *poſſeſſion fait loi* (comme dit le Docteur PRÉVILLE), *Pauline* appartient à *St. Val*, & le Rôle eſt ſur la liſte de l'année derniere au rang de ceux de la *Veſtris*, par cela ſeul : ce que les Juges ont regardé comme une LOI SACRÉE, contre laquelle les Comédiens ne pouvoient revenir, devoit être vu comme une infraction très-condamnable aux uſages, aux Loix, aux talens (je le répete), qui, en fait de Comédie, ſont LA LOI, par excellence.

Vous voyez que la magnificence de la *Veſtris* n'eſt qu'une nouvelle impoſition de ſon deſpotiſme : elle a cependant fait un noble & nouvel effort en rendant encore *Roxane*. Il faut eſpérer que *Didon*, *Ariane*, *Hermione*, *Idamé* viendront ſucceſſivement, & qu'elles les joueront alternativement, puiſqu'elle s'eſt réſervée de DOUBLER *St. Val*, en donnant les autres ; ce qui étoit inutile. La *Veſtris*, étant la ſeconde, doit jouir du droit de ſuivre la premiere ; mais, comme *St. Val* ne jouit de rien, la *Veſtris* ne veut pas riſquer d'être un jour dans la même poſition. Il faut que, malgré toute ſa vanité, elle ait quelque inquiétude ſecrete ſur la comparaiſon que le Public en feroit avec *St. Val*, car celle-ci n'a pas même le droit de la DOUBLER ; ce que tous les autres Acteurs & Actrices ſe permettent, pour ne pas manquer le ſervice.

Il y a quelques jours, ne ſçachant que jouer, & la *Veſtris* ſe croyant malade, les Comédiens prierent & reprierent *St. Val* de jouer *Hypermneſtre* le lendemain. Le Public, peu nombreux, qui ne s'attendoit pas à voir paroître *St. Val*, fit des cris d'alégreſſe, ne ceſſoit de battre des mains. La pauvre *St. Val* en fut ſi touchée, qu'elle en devint tremblante ; mais quoiqu'oppreſſée par ſa reconnoiſſance, priſe au dépourvu par les Comédiens, elle

[66]

fit des chofes fublimes , & fon fecond Acte fut d'une
perfection qu'elle feule peut atteindre. Sa complaifance , pour fes Camarades , & fon fuccès lui va-
lurent une Lettre cruelle du Supérieur : cette Lettre,
lue à l'Affemblée des Comédiens, difoit que fi *St. Val*
s'avifoit de jouer d'autres Rôles que ceux qu'on lui
avoit donnés, elle feroit en PRISON , & que fi elle
infiftoit, fa prifon feroit PERPÉTUELLE. Vous fentez,
ma chere Coufine, que quelque defir qu'on ait de
plaire & d'être utile, une pareille menace eft bien
humiliante, je dirai même outrageante, lorfque dans
une Société d'égaux , quelle qu'elle foit , on fait
fupporter à l'un des Membres tous les mauvais trai-
temens , pour en élever un par-deffus tous les
autres ; on eft injufte & barbare , on fait des ef-
claves & des malheureux. Eh ! comment des objets
de plaifir, pour le Public , deviennent-ils la fource
de mille chagrins pour des gens à talens qui lui
plaifent ? Ainfi donc nous fommes privés par la feule
volonté de la *Veftris* des Piéces que nous defirons
voir; elle ne joue point *Didon* ; elle n'a pas joué
Ariane depuis dix-ans ; elle eft bien peu faite pour
ces deux Rôles. Je ne fçais d'où vient cet attache-
ment pour celui d'*Hermione* ; je le lui ai vu jouer deux
fois avec un dégoût bien manifte de la part du Public. Mais on dit qu'elle fe moque des jugemens, &
qu'elle fe fent le courage d'affronter les murmures : c'eft
une de fes réponfes à quelqu'un qui lui répréfentoit
que, fi le Parterre connoiffoit tous fes mauvais pro-
cédés contre *St. Val* , il pourroit le témoigner. Mais
le refpect pour le Public eft perdu ; on achete des
voix , & le bruit l'emporte fur le fentiment.

Je crois que la Veftris compte encore plus fur fes
intrigues que fur fon courage. Les ames de cette
efpece connoiffent-elles la valeur d'un tel nom ? Deux
cens billets diftribués à propos dans le Parterre ,

tiennent lieu de talent. Nos Femmes à prétentions de *bel esprit*, nos petits Maîtres de coulisses, qui ont entendu quelques froids *bravo*, quelques applaudissemens traînans, disent le soir dans les maisons: *la Vestris a bien joué.* Si quelques personnes sédentaires veulent sçavoir des détails du Rôle qu'elle a rempli, on n'en peut réellement citer un vers. Qu'elle étoit bien coëffée, dit une femme échevelée! qu'elle étoit jolie, dit un homme à vue basse! comme elle soigne un vers, ajoûte un homme qui se croit Poëte! Tout ce beau Monde parle à la fois, ne s'entend, ni ne veut s'entendre, & la *Vestris* est *toujours charmante.* Que quelqu'un prononce le nom de *St. Val*, on s'écrie, on ne prétend pas faire de comparaison, *St. Val* est sublime, elle posséde un grand talent, il n'y a rien à dire; mais elle ne joue pas assez souvent. On a persuadé le Public que *St. Val* ne veut rien faire; on n'a pas dit que, depuis quatre ans, on lui envoie des défenses tacites de jouer tel ou tel Rôle : l'Intendant des Menus, qui lui a porté vingt fois ces ordres, a tâché de les nier, quand il a été interpellé. Que peut la foiblesse contre la force ! *St. Val* a cédé, & garde le silence : si elle n'eût pas été engagée à demander des Rôles, elle ne parleroit pas encore ; mais se croyant obligée, pour l'honneur des Comédiens, de soutenir les droits qu'ils lui avoient reconnus, elle a dit qu'elle joueroit les Rôles que la *Vestris* lui a rendus : ceux qu'elle refuse, comme *Didon*, *Ariane*, *Hermione*, *Idamé*, le Supérieur vient d'interposer l'autorité du Ministre, & de M. le Lieutenant-Général de Police, pour qu'elle soit mise au Fort-l'Evêque, comme séditieuse, si elle paroît ; & je ne sçais trop ce que *St. Val* fera : les moyens violens annoncent l'injustice : la raison & la loi n'ont pas besoin de tant d'étreintes : mais quand on eſt arbitraire , paſſionné, intriguant, on craint le flambeau du Public.

Il vient d'arriver une choſe aſſez plaiſante : quelqu'un a voulu faire imprimer ici les Mémoirs qui ont été donnés pour *St. Val* ; le Supérieur a couru chez tous les Miniſtres , crier à la ſédition , au meurtre. Ce n'eſt pas , je crois , qu'il imaginât que l'on eût dit quelque choſe de lui, perſonnellement ; mais il ſe doutoit bien qu'il y auroit quelques réflexions ſur ſa Protégée. Tous les Imprimeurs ont reçu , dit-on, des défenſes de les publier. Il faut que la *Veſtris* ait quelques eſpions à ſes gages ; car le même jour que l'on a demandé la permiſſion d'imprimer , elle l'a ſçu. Le petit Protégé de la Femme de chambre de Madame.... a dit que la *Veſtris* & la *Belcourt*, à-peu-près de même âge, rioient, ou du moins s'éfforçoient de rire , ſur ce que *la vengeance étoit arrivée ſur un recueil de bons mots contre elles.*

Qui pourroit s'abaiſſer à dire de bons mots ſur ces deux perſonnages ? Il faut avoir quelque mérite pour inſpirer ce ſentiment ; elles n'en ont dans aucun genre. Je ne crois pas que vous ayez trouvé de *bons mots* dans ce que je vous ai dit de la *Veſtris.*

Quiconque en parlera de ſang froid , vous dira es mêmes choſes , & davantage encore , ſur ſon miſérable talent qui ne fait ni pleurer, ni rire. Qu'elle tienne la Sçene , puiſqu'on le veut : ſoit , c'eſt un malheur ; car il eſt dur de payer pour voir cette *Hiſtrione.* J'évite , autant qu'il m'eſt poſſible , les jours où elle envahit le Théatre ; mais ſi je ne puis me ſouſtraire à quelques-unes de ſes Repréſentations, je vous rendrai compte de la maniere SUPÉRIEURE avec laquelle je l'aurai vue *embraſſer tout* L'ENSEMBLE *du Rôle*. Quant à la *Belcourt*, fi vous l'euffiez vue déguifée en *Thalie* (dans les Mufes rivales), imaginez la groffe *Marion* de votre laiterie, avec des guirlandes de fleurs fur un corfet bufqué ; mon Frere prétend qu'elle reffembloit à ces tonneaux de vin que l'on répand aux réjouiffances publiques; il eft vrai qu'elle a le ventre fi gros, qu'on l'apperçoit cinq ou fix minutes avant fon vifage.

Je vous enverrai, quelque jour, de petits portraits raifonnés de tous les Acteurs & Actrices de la Comédie Françoife : il y aura quelques notes de mon Frere ; car je ne prévois pas tout dire.

C. M. D. L. V. D.

Paris, ce 20 Juin 1779.

P. S. C'eft tout ce que l'on s'eft donné la peine de prévoir qui n'arrive jamais, & ce que l'on a cru pouvoir négliger, qui vous tombe fur la tête. Cette réflexion, ma cher Coufine, a plus d'une explication : *la feconde*, c'eft que ma Tante vient de recevoir, tout imprimé, les Mémoires qu'on avoit faits pour *St. Val*. J'ai cru qu'elle en feroit fâchée, je la voyois mordre fes doigts en travers, comme quand elle s'impatiente ; je ne foufflois pas, moi coupable & complice. Elle m'a regardée ; & puis, fouriant, quoiqu'avec l'air encore un peu mauffade : ma Niece, quel domage ! fi l'on m'eût confié le projet qu'on avoit d'imprimer, j'aurois fait un Mémoire où tous ceux-ci fondus, examinés & débattus, n'en auroient fait qu'un plus commode à lire, plus clair, mais auffi plus important. C'étoit les Ordonnancs, les Réglemens & les ufages qu'il falloit faire valoir ; c'étoit les injuftices que *St. Val* éprouve depuis dix ans, & du Supérieur, & de toute la race qui la tourmente,

E iij

dont il étoit néceffaire d'inftruire le Public. Ceci eft trop doux pour tout ce qui s'eft paffé, & n'eft point correct. . . . Je n'ai pu éviter la phrafe: *votre Coufine & vous, n'êtes que deux étourdies*. Mais comment ma Tante le fçait-elle ? C'eft votre Mere, ma chere Coufine, qui lui a rendu compte de notre correfpondance, en lui difant bonnement que, pour ne pas fatiguer fes yeux à ma *fatiguante* écriture, elle avoit tout fait imprimer : je fuis fûre qu'à préfent elle croit avoir fait un livre. Si j'avois pu connoître fes intentions, je lui en aurois épargné la peine , malgré certain petit Billet adreffé aux Imprimeurs de Paris, & que je vais vous tranfcrire:

» Vous êtes avertis, de la part de vos Syndics &
» Adjoints en charge, de ne rien imprimer dans l'af-
» faire des Demoifelles de *St. Val* & *Veftris*, Ac-
» trices de la Comédie Françoife ; ni rien qui ,
» en matiere de *difcuffion*, ait trait à aucun Spectacle,
» fans en avoir prévenu M. le Noir , Confeiller
» d'Etat, Lieutenant général de Police.

Paris, 5 Juin 1779.

Vous jugez bien, ma chere Coufine, que cet ordre a été follicité par le Supérieur, qui ne fe foucie pas que l'on fçache la maniere dont il conduit les Comédiens que le Roi lui a confiés, & vous conclurez aifément qu'il n'eft pas facile de fe plaindre, quand on eft molefté; de dire des raifons , quand on n'a pas tort de fe défendre , quand on eft accufé. On clabaude fur la mauvaife fanté de *St. Val* ; mais on impofe le plus profond filence fur la caufe : c'eft toujours avouer la malverfation ; car, lorfque l'on fe croit éclairé, équitable, on fe plaît à voir le Public inftruit de fa conduite. Quel eft l'homme qui n'en chériffe l'approbation, quand il eft chargé furtout d'une fonction publique ? Le fupérieur a bien

cherché le moyen de prévenir les esprits en faveur
de sa Protégée ; il a fait mettre dans le petit Journal du
matin , malgré la défense d'imprimer rien de l'affaire
des deux Demoiselles *St. Val* & *Veftris* , l'article que
je vais encore vous tranfcrire ; mais foyez tranquille ,
perfonne n'en eft la dupe : on annonçoit *Bajazet*
pour le lendemain , la maladie de *St. Val* l'a retardé.

» Le Rôle de *Roxane* dans Bajazet , fait partie de
» l'emploi des *premieres Princeffes* dont eft chargée
» la Demoifelle *Veftris*. Il avoit été réclamé à titre
» d'ancienneté , avec fept autres Rôles du même
» emploi , par Mademoifelle de *St. Val* l'aînée , reçue
» pour l'emploi des Reines ; mais cette prétention
» a été rejettée par une décifion *unanime* de MM. les
» premiers Gentilshommes de la Chambre , fondée
» fur la *différence des emplois* & fur la *poffeffion*
» *conftante* de la Demoifelle *Veftris*. Cependant , par
» *amour pour la paix* , *& pour fournir à Mademoifelle*
» *de St. Val de nouvelles occafions de fe rendre agréa-*
» *ble au Public* , la Demoifelle *Veftris* a fait *volon-*
» *tairement* le facrifice de ce Rôle , & de huit autres
» appartenans également à fon emploi , & elle ne
» s'eft réfervée que le droit d'y doubler Mademoi-
» felle *de St. Val.* »

La défenfe des Syndics & Adjoints n'eft pas ,
comme vous voyez , contre la *Veftris* : on peut
tout dire , tout faire en fon nom ; mais ce qu'il y
a de touchant dans cette infidélité du Supérieur ,
c'eft qu'il aime mieux facrifier fes Collegues à fa
Protégée ; ce font ceux qui , d'office , ont rejetté
unanimement les demandes de *St. Val.* Ils ont bien
de la bonté , ces Meffieurs , de rejetter unanimement
une Actrice aimée du Public , qui , par fon rang ,
a le droit de tout jouer , & qui , par honnêteté ,
veut bien ne demander que huit Rôles , pour en
avoir vingt : ces MM. décident fur la différence des

emplois ; & d'après les lumieres de la *Veſtris*, *Didon*, Reine de Carthage , n'eſt point une *Reine* : *Roxane* eſt une *Princeſſe*, parce que la *Veſtris* , ſans le commencement du talent , avec un rèſte de figure , par une audace que la foibleſſe autoriſe , veut tout garder , tout jouer ; & MM. les Gentilshommes confirment ſes ridicules prétentions ! que le Dieu du goût les béniſſe , & que le Public leur pardonne ! Je crois bien qu'ils n'ont pas réfléchi profondément à ce qu'ils faiſoient. Ils ne ſe font pas apperçus que le Supérieur des Comédiens, qui conduit tout à lui ſeul , les a trompés , & ne les a réunis que pour le tirer de la contradiction où il étoit avec lui-même : je ne ſçais quel eſt ſon Ecrivain ; mais il n'eſt pas auſſi adroit qu'on pourroit le croire. *La Veſtris , par amour pour la paix* , a fait *volontairement le ſacrifice de neuf Rôles.* Il y avoit donc du trouble ? Il n'y en a point où l'uſage & la Juſtice régiſſent. Honorer du nom de ſacrifice une ceſſion de Rôles qu'on ne joue point , & qu'on n'eſt point en état de jouer , n'eſt-ce pas avouer que c'eſt moins par amour pour la paix , que par vanité ; pour mettre le complément à ſes bons airs , que l'on dit : *je donne à Mademoiſelle de St. Val des occaſions de ſe rendre agréable au Public?* Cette *Veſtris* fait tout , elle *laiſſe* jouer *St. Val* cadette , elle donne des Rôles à *St. Val* l'aînée , qu'elle veut encore doubler ; c'eſt *l'alpha* & *l'omega* de la Troupe.

Ma Tante a voulu faire mettre dans ce même Journal de Paris , une note où la vérité des faits étoit rétablie purement & ſimplement ; le Directeur l'a refuſée , en diſant , d'un air aſſez honteux , qu'on lui avoit envoyé l'article de la part du *Supérieur* , avec défenſe de rien mettre de *contraire* : or la vérité eſt poſitivement ce *contraire.*

Le projet d'anéantir St. Val , ſi on le pouvoit, eſt

un parti bien pris. On veut, à force de dégoût, l'obliger à demander sa retraite, pour que la *Vestris* regne en pleine paix & puissance sur le Théatre de Paris : mais, comme les succès qu'auroit *St. Val* en Province, viendroient encore troubler le calme de la Protégée, on a signifié à *St. Val* que l'on se réservoit le plaisir de la faire mourir de faim, si elle quittoit Paris, & qu'il y auroit défense à tous les Directeurs de Province, & même *des Cours étrangeres*, de la recevoir. On ne lui parle que de Fort-l'Evêque, de prison perpétuelle, & l'on ne veut pas qu'elle soit malade ; ou du moins, on veut que le Public pense qu'elle se porte bien , & que c'est par malice que la fievre la prend. Il y a plus : au moment même que je vous écris (ce que je ne peux faire que tous les deux jours seulement) , on a persuadé la Cour que Mademoiselle *St. Val* n'aimoit point à y paroître ; qu'elle jouoit mal tout exprès ; & les mêmes Personnes lui disent que la Cour ne peut la souffrir : cela n'est pas encourageant. On se garde bien d'avouer qu'on l'empêche , tant qu'on le peut, d'y venir ; que c'est toujours la *Vestris* qui fait le service à Versailles, à Fontainebleau , quoique ce droit appartienne à l'Ancienne. Mais l'Ancienne n'a pas assez de Rôles ; & les Femmes de Chambre de la Cour aiment mieux la *Vestris*. Les Maîtres prennent ce qu'on leur donne , persuadés que tout est pour le mieux, ne sçachant sûrement pas qu'il y a des malheureux, quand ils ne s'occupent que du bonheur de tous leurs Sujets : on affecte de confondre devant eux les Comédiens ambulans , & vagabonds , avec les Comédiens du Roi , établis par le Roi, pensionnés par le Roi , que Louis XIV a daigné gérer lui-même , ainsi que Madame la Dauphine, & Madame, comme je crois l'avoir dit.

J'ai trouvé le texte du Mémoire que ma tante veut

faire : le Supérieur difpofe de douze mille liv. par an ; fomme qui doit être partagée en vingt - trois parts ; ce feroit environ cinq cens livres pour chacun ; cependant, depuis douze ans, *St. Val* n'en a rien reçu. Le Supérieur vient de déclarer que le Roi le laiffoit maître de cette fomme, & qu'elle feroit donnée par forme de gratification. Vous fentez qu'avec cet appât, le Supérieur fera, des plus intéreffés, tout ce qu'il voudra ; qu'il donnera à fa fantaifie, & que la pauvre *St. Val* n'aura rien. Il a pris un peu de honte au Supérieur fur les différentes plaintes qu'elle a portées au fujet des gratifications ; &, fous prétexte d'un reliquat de compte de trois années, on lui a paffé cent écus pour chacune. Il eft vrai que, pendant ce tems, on a donné cent louis à *la Veftris*, deux mille livres à fa fœur, autant à fon frere ; & voilà comme les bienfaits du Roi font repartis. Je vous enverrai le Mémoire de ma Tante ; il vaudra mieux que tout ce que je vous ai dit. Mon frere veut lui donner un bonnet quarré & un rabat ; moi je ferai fon éloge. Elle ne fera ni au Palais, ni à l'Académie Françoife ; mais auffi elle n'en craindra pas *les Bâtonniers*.

F I N

Roles de Mademoiselle Vestris.

ABSALON. . . . . *Tharès.*
Adélaïde de Hongrie.
Adélaïde du Guesclin.
Adel de Ponthieu.
Alzire.
Amasis.
Amalasonte.
Amelise.
Aménophis.
Andromaque.
Arsacides.
Artaxerce.
Astarbé.
Astrate.
Athalie. . . . . . *Josabeth.*
Atrée & Thieste.
Bajazet. . . . . *Atalide.*
Barmécides.
Bayard.
Bérénice.
Blanche & Guiscard.
Briséis.
Britannicus. . . . *Junie.*
Brutus.
Catilina.
Les Chéruspes.
Le Cid.
Cléopâtre.
Comte d'Essex.
Warvick.
Coriolan.
Cosroës.
Cromwel.
Denys le Tyran.
Dom Sanche.
Edouart.
Du Guesclin.
Egiptus.
Electre.
Epicharis.
Fernand Cortez.

Guillaume Tell.
Gustave. . . . . *de Piron.*
Gustave. . . . . *de la Harpe.*
Gabrielle de Vergi.
Hamelet.
Héraclides.
Héraclius. . , . . *Pulchęrie.*
Hérode.
Les Illinois.
Les Horaces.
Hypermnestre.
Idoménée. . . . . *de Crébillon.*
Idoménée. . . . *de le Miere.*
Jeanne Gray.
Inès.
Ino & Mélicerte.
Iphigénie en Aulide.
Iphigénie en Tauride.
Irène.
Les Machabées.
Mahomet . . . . *de Voltaire.*
Mahomet . . . . *de Lanoüe.*
Mahomet . . . *de Châteaubrun.*
Manco-Capac.
Manlius.
Menzikof.
Mort de Cicéron.
Mithridate.
Pompée.
Mustapha & Zéangir.
Nicoméde.
Olympie.
Oreste.
Orphanis.
Phédre . . . . . *Aricie.*
Philoctete.
Pierre le cruel.
Pompée.
Pyrrus.
Régulus.
Rodogune.

Rome fauvée.
Les Scythes.
Sémiramis.
Le Siége de Calais.
Sophronisbe.
Spartacus.
Tancrede.
Théfée.
Timoléon.
Les Troyennes.
Venceflas.

Venife fauvée.
La Veuve de Malabar.
Xercès.
Zaïre.
Zarès.
Zelmire.
Zulica.
Zulime.
Œdipe . . . . . de M. Ducis.
Lauredan.

TOTAL . . . . . 104. & les 8 que St. Val
demande. . . . 112.

Rôles de Mademoiselle St. Val l'aînée.

CLÉOPATRE.... *dans Rodogune.*
Cornelie. . . *dans Pompée.*
Pauline. . . *dans Polieucte.*
Elifabeth. . . *Le Comte d'Effex.*
Athalie.
Agrippine.
Phédre.
Clitemneftre.... *dans Iphigénie.*
Jocafte. . . . . *dans Œdipe.*
Mérope.
Sémiramis.
Califte.
Juliette.. *dans Roméo & Juliette.*

Sabine. . . . *dans les Horaces.*
Léontine. . . . . *Héraclius.*
Artinoé. . . . *Nicomede.*
Clitemneftre. . . . *Electre.*
Eléonore. . . . . *Guftave.*
Thémiftée.... *Ino & Mélicerte.*
Statira . . . . *dans Olympie.*
Amafis.
Les Machabées.
Médée.

10.
13.

---

13 grands Rôles. TOTAL . . . . . 23.

www.ingramcontent.com/pod-product-compliance
Lightning Source LLC
Chambersburg PA
CBHW071345030726
47594CB00002B/759